序章　この本を読む前に知ってもらいたいこと

第1章 外資系企業と日本企業の本質的な違い

第2章 外資系企業の経営手法とその特色

第3章 外資系企業の組織と人事

第4章　就職先・転職先としての外資系企業

付章　日本企業との違いをより深く理解する

序章

この本を読む前に知ってもらいたいこと

この本の役割

■「外資バンザイ」でも「悲惨話」でもありません

本書は欧米を中心とする外国企業について書かれたものです。その日本の現地法人を文中では「外資系企業」あるいは「外資系日本法人」とし、本社を含む企業体を文中では「外国企業」としています。

内容としては、酸いも甘いもひっくるめたその実態、勤めていなければわからない現場の悩み、そもそも日本企業と何が違うかといった点を、経営手法、組織・人事、文化的特徴、日本とのカルチャーギャップなどの視点から述べています。また、そういった基礎知識に加えて、業界の違いも踏まえた外国企業におけるキャリアデベロップメントにも触れています。

この本のタイトルを見たあなたの印象は多分、
「えー外資系で一括り？　大雑把すぎじゃない？」
「外資系だっていろいろでしょ？」

「なんでわざわざ外資系なの？　日本企業には関係ないのでは？」
まあ、こんなところだと思います。
あなたの印象は正しいです。外資系と一言で言っても、親会社の規模や業種、日本法人の大きさもさまざま。ですから本書でも、ある程度の分類と目安を確認するつもりです。もしあなたが外資系への就職を考えている場合、あるいは取引等で外国企業との関係がある場合、一助になれば幸いです。また冒頭に書いたように、本書は外国企業の文化や考え方、経営や組織・人事について述べています。ですから、日本企業に勤めている人にもぜひ、参考にしてほしいのです。

それでも、あなたは思うかもしれません。「どうせ外資バンザイの押し売りでしょう？」。あるいは逆に「悲惨な外資系企業の物語」をあなたは期待するかもしれません。でも本書はどちらでもありません。

ここで筆者の経歴を少し説明すると、私は欧州最大級の複合企業（コングロマリット）に約15年間勤め、日本法人の社長を二度経験し、本社にもエネルギー部門の事業開発担当責任者として勤務していました。社会人の経験で言えば、役員以上での会社経営には30代から合計7回関わりました。ドイツにも通算3回・約13年間住んでいました（日本企業時代にドイツに駐在したほか、ドイツ企業時代にも2回本社で勤務していました）。また買収した事業の一部や統括する事業が北米にあったりしたので、米国型組織との付き合いも長年にわたります。ただ日本企業の経験はそれ以上で、メーカーとビジネスコンサルタントとして20年以上の経験があります。

日本企業にも欧州企業にも勤務し、職場も日本と欧州と北米という全く異なる文化での経験がある。これらの実体験から私はさまざまなことを学びました。

「日本と欧州」「欧州の中でも異なる文化圏と企業文化」「日本企業とドイツ系企業」「グローバル企業における欧米と日本の関係」「グローバル企業同士での違いと特色」――これらのさまざまな価値観を経験した私だから、客観的に伝えられることがきっとあるはず。そんな動機で本書を書きました。

■どんな人に本書は役立つか

では、本書がどのような人の役に立ちそうかと言えば、

- 自分の職場環境について理解を深めたい人
- 現在は大学生、あるいは日本企業に勤めているが、将来外資系企業への就職を考

えている人

●外資系企業で働く気はないが、仕事の関係や個人的関心で「どんなところか」知りたい人

●日系企業で変革を求めているが、経営や人事・組織などで参考になる情報を求めている人

といったところだと思います。

外資系に勤務している方はもちろん、日本企業でも輸出、取引、合弁や提携などで、外国企業との関係があることが少なくありません。そういった時に「外資系はすごい」と思うこともあるでしょうが、その反面、日本と日本以外の商習慣や企業文化のギャップで、「なんであいつらはこんな考え方をするのだ」「もっと日本のことを勉強してから来い」「日本企業と付き合っているほうがよっぽど楽だ」と思ってしまった経験が誰しも一度はあると思います。かく言う私も、何度もそれを「被害者と加害者」(?)の両方の立場で経験しています。本書はそういった人のお役に立てると思います。

また勤務していた企業では、米国との付き合いも深く、そもそも世界200か国以

上で事業を展開していたので、欧州にとどまらないグローバルに共通する視点を意識したつもりです。加えて、私が勤務していたメーカー系に話が偏らないように、GAFAや金融系などさまざまな外国企業に勤務している人たちとも意見を交換しました。その結果、外国企業に共通する根本的な特色に触れることができたと思います。

「外資系企業」への誤解

皆さんは「外資系企業」に対してどういうイメージを持っていますか?

私が社会人になりたての頃（30年以上前です）の「外資系」のイメージは大体、次のようなものでした。

先端、英語で仕事をしていてなんとなくかっこいい

外国企業の製品を売っていて、それを「外資系に勤めている」と言って自慢している友人がいました。実態は輸入代理店でのルートセールスでしたが。英語に関して言えば確かに、会話だけでなく資料も英語で作成するのは普通です。それはどうしても

本社とのやりとりが多いので、資料が元から英語だとそのまま使えて便利だからです。また会話にどうしても横文字が増えるのは仕事柄しょうがないところです。日本人の外国語コンプレックスをくすぐる話です。

弱肉強食、すぐクビになりそうで怖い

過去には、「外資系に転職した」といって聞かれる質問のナンバーワンだったと思います。特にまだ日本企業で生涯雇用が全盛だった時代はそうでした。ただ、外資系であっても日本の会社員ほど法律に守られている存在はなく、いったん雇用すれば当人の犯罪や会社の事業閉鎖など、相当の理由がない限り不当解雇とみなされるので、法的な条件は一般の日本企業と同じです。また、日本企業も従業員に希望退職を募るようになった昨今では、日系と外資系の差は相当縮まったと言えそうです。余談ですが、私が転職したドイツ企業は、大正時代に汚職事件が日本で発覚して内閣が総辞職したので（未だに日本史の教科書で見かける時があります）、大正生まれの父親の世代にはかなりブラック企業的に思われていたようです。

昔はこのような2つの両極端なイメージが存在していました。どちらもある部分では正しく、ある部分では見当外れでした。

時は流れて現代、楽天のように本社での公用語を英語とする日本企業が出現したりもしました。また大企業では留学経験のある経営者や従業員も増え、さすがに外国コンプレックスも無用な憧れ・恐れも薄れたと思います。加えて日本企業も株主価値重視経営を標榜し、リストラで人員削減をする時代となったわけで、日本企業と外国企業との距離は縮まりました。

ただそれでも、日本特有の「外のものをありがたがる」心情と、英語を筆頭とする外国語に対する抵抗感から、まだ外資系企業を異端児扱いする風潮は依然として残っていると思います。特に最も大きな壁は、経営や人事・組織などにおいて、文化的背景や社会習慣が色濃く出る部分でしょう。この点は本書でしっかりと解説していきたいと思います。

■未だに残る、外資系企業への2つの誤解

さらによくある外資系への誤解を見ていくと、「外国企業だから」というものと「日本の会社（法人登記場所）だから」というものがあります。表現が矛盾したこの相反する2つを順に説明します。

「外国企業だから」という誤解

「外国企業だから」について言うと、新卒や中途採用の人事面接で、「海外で働きたいから御社（外資系）を希望します」という人がいます。これは残念ながら99％間違いです。日本企業でもそうですが、海外の現地法人で採用した人材はあくまでも「現地採用の人」であり、求められるミッションは「現地の業績を伸ばす」ことだからです。

日本企業でもトヨタや日立のようなグローバル企業は、グローバルで一元化した人事制度を持っており、私も前職のドイツ企業に入社した時は最初からグローバルポジションだったので、「明日、本社や他国の現地法人に行け」と言われれば、ハイハイと行かざるを得ない立場でした。

ただこのような恩恵にあずかれる（あるいは不幸に見舞われる）人材は、相当上のポジションの人間で、入社したてのペーペーがそのような恩恵にあずかれるチャンスは1％以下でしょう。ではその1％は何かと言えば、会社の気まぐれで「あいつをトレーニング兼ねて1～2年外に出すか」という話になった時ですが、大抵は出す側（上司が優秀な部下を手放したくない）と受け入れ側（来てもいいけどコストは負担しないよ）の狭間で事がなかなか進みません。

だから先の海外志向の人には「悪いこと言わないから、日本企業の本社を狙いなさい。できれば、急成長していて（＝人材不足で新人にもチャンス）、海外展開を拡大しそうなところ（＝早い海外赴任のチャンス）」とアドバイスしていました。事実私はこの発想で、27歳で初の海外赴任をしました。

同レベルの誤解としては、他にも「外国企業だから経営が優れている」や「ドイツ製だから品質が良いだろう」といった明治時代の舶来信仰のような幻想（品質に原産国の差があるのは事実ですが）、あるいは「外資系だから給料が良いだろう」といった一方的な誤解（これはＩＴ系や金融系など一部では正しいですが、その場合は依頼退職リスクも高いです）もあります。

「日本の会社（法人登記場所）だから」という誤解

これは多分に「日本で登記している会社＝日本の習慣に従うだろう」という、期待値とも幻想とも言える発想から出たものでしょう。ハッキリ言って、誤解です。たとえば、外資系はすぐ「ノー」と言います。たとえ働いている人間が日本人で、お客さんと同じ文化を共有していても、社内的にはできないものはできないので、「前向きに努力します」などという場の空気を読んだ発言はしません。

また、外資系はすぐに「お金をくれ」と言います。資本主義と契約に忠実で、契約外の業務は追加費用です。この辺りの本社と現場（顧客）の狭間で日本法人（特に営業）は悩むのですが、悩む部下には「そのギャップが問題だからオレたちの存在価値がある。なんでもスムーズに行ったら我々は不要でしょ」とよく言ったものでした。

もちろん外国企業もできる限り「日本人の業界クラブの一員」になるべく努力をしているのですが、「場の空気」より「契約」を重んずることは、国境を越えたビジネスの基本中の基本なので、それを覆すことは並大抵の努力ではできません。

まとめるなら、外国企業の評価は個別に、日本法人の評価はその市場へのエンゲージメント（参画）度合いでなされるべきで、「外国企業だから」とか「日本企業だから」とかで十把一絡げに言えるものではありません。

外資系企業はスゴイわけでもクズでもありません。良い会社も悪い会社もあります。結果、「外資系の実態を理解して、中身をどう観察してどう見極めるか？」が課題となるわけですが、その辺りのポイントは追々解説していくつもりです。また、語学だけでない部分での従業員の「向き不向き」もポジションによってはあるので、それもお話ししていきましょう。

外国企業の分類

外資系企業と一口に言っても、その本社所在国、業界、日本法人の規模、日本での歴史等で千差万別、玉石混交です。これは日本企業とて同じことだし、外資系が特別なわけではありません。ましてや日本で活動している外資系企業は３２８７社（経済産業省調査２０１９年）もあるわけですから、当たり外れがあったとしてもおかしくはありません。

私が勤めていた企業は、グローバルでの売上約11兆円、従業員38万人という巨大複合企業で、日本でも１３０年以上の歴史がありました。ただドイツ企業であったため、二度の世界大戦での敗戦のたびに財産を没収されたので、実際の日本での歴史は、第二次世界大戦後からといったところ。それでもグループ企業全体の日本における従業員数は２０００人を超えていました。規模的に少し大きすぎるため、今回の執筆にあたっては、他の外資系の社長などからも守秘義務に抵触しない範囲で話を聞いたうえで、内容的には特定の企業の話ではない、ある程度の規模の「欧米本社の外資系企業全般」に共通する話題になるように努めました。

[図1]

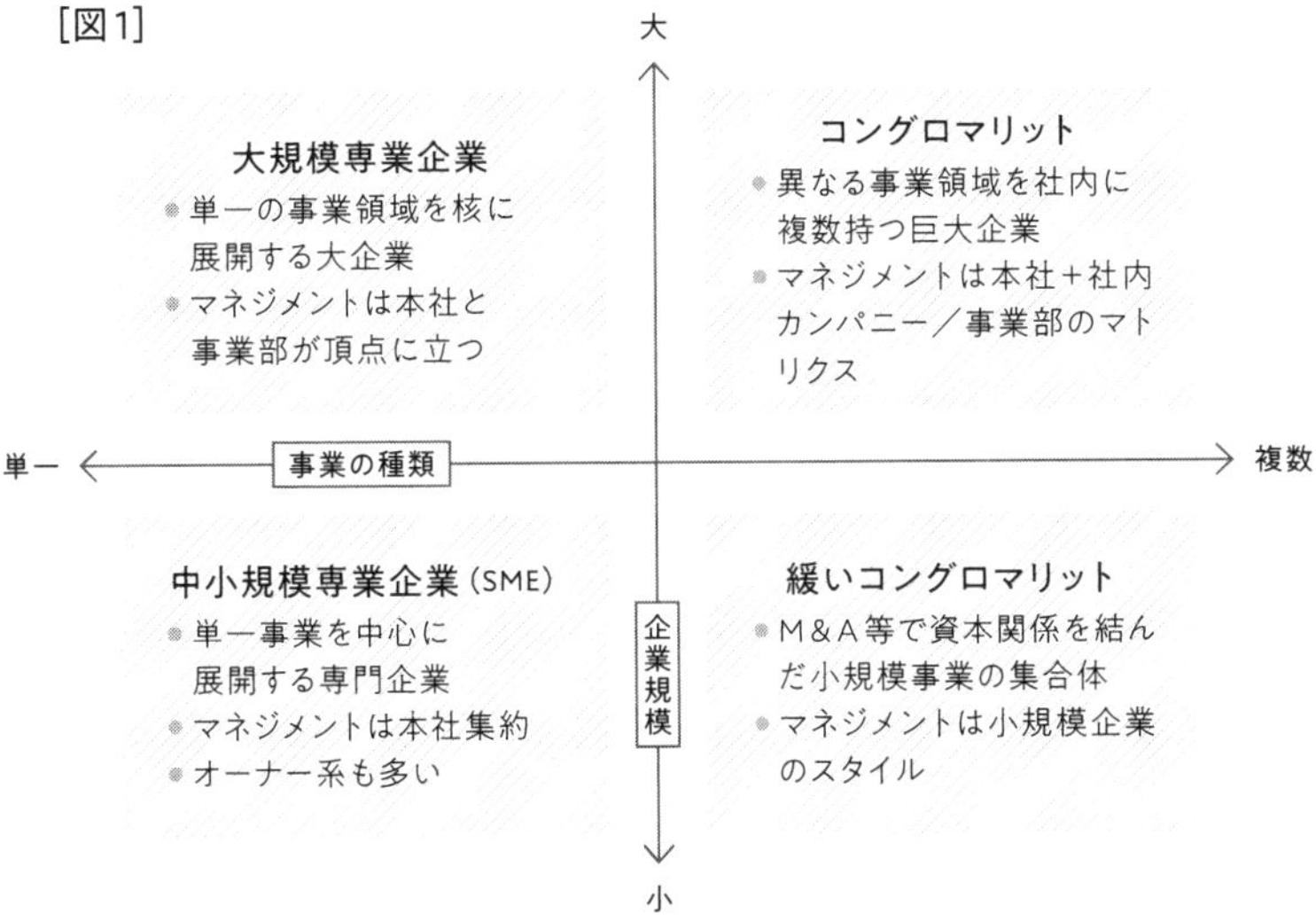

「欧米系の企業」と書いたことには背景があります。欧米の上場企業の場合は、株式市場との関係や企業統治（ガバナンス）が一定の成熟したレベルにあり、オーナー一族が力を持っていたりする一部のアジア系の企業よりも一括りにしやすく、また日本の企業も同様の方向を向いていると考えるからです。「欧米系」と言ってももちろんまだ大雑把で、国籍や企業文化での差は出ますが、それは後々のパートで解説します。

では企業の形態を見てみましょう。少し粗い分け方ですが、皆さんの「企業だっていろいろな形があるじゃないか？」という、もっともな感想に応えるためです。イメージ（図1）を載せましたが、文章で説明すると次のようになります。

■コングロマリット（複合企業）

いわゆる巨大複合企業で、グループ売上が10兆円を超える場合も少なくありません。私のいたドイツ系企業も分社化で事業を切り出す前は、社内に重電部門（発電、送電、再エネ、水素など）、産業部門（ファクトリーオートメーション、コントロールシステム、各種ソフトウェアなど）、インフラ事業（インテリジェントビル、変電、蓄電、電力供給コントロールシステムなど）、鉄道（都市交通、電気機関車、高速鉄道など）、医療機器（ＣＴスキャン、ＭＲＩ、検査装置など）などなど。これ以外にも冷蔵庫や洗濯機、コーヒーメーカーなども売っているような、産業界のデパートみたいな存在でした。

これだけ事業が多岐にわたると当然ながら、ガバナンスも複雑になり、縦軸と横軸のマトリクスになりがちです。他には巨大化学メーカーや素材メーカーも該当するでしょう。日本では日立、三菱重工、楽天、ソフトバンク、総合商社などが該当し、昨今は事業の複雑さゆえアナリストや投資家から煙たがられ、事業分割や分社化することもまれではありません。

キーワードは「複雑系」ですが、真のグローバル企業と言えます。新聞などで時々目にする、事業を売却したり入れ替えたりする「ポートフォリオ・マネジメント」の手法は大体この手の企業が実施しています。

■緩いコングロマリット

世の中には、提携や買収、資本関係で「なんとなくグループ化」している企業群もあります。大体はオーナー系企業が他事業にいろいろと手を出すケース、ファンドがさまざまな企業を束ねてそれらしくしているケースも該当します。日本国内でもIT系や医療法人系、外食系でこの形態を見たことがありますが、「〇〇グループ」と称しても実態は「中小企業の集まり」なので、事業マネジメントの観点からSME（中小規模専業企業）と同一視します。

■大規模専業企業

世の中の中堅・大企業では一番多いタイプです。誰でも本業が確実にわかり、その事業が核となっているため、本社と事業部がピラミッドの頂点に立つ経営をしています。複合企業に比べて企業文化もわかりやすく、ガバナンスやレポーティングライン（管理元）も理解しやすいです。日本でも自動車メーカーや機械器具メーカーが該当し、ガラスや繊維をコア事業とするメーカーもそうでしょう。大きくなりすぎると事業部がタコ壺化して自己の価値ばかりを追求し出すので、時々組織再編や人事異動で揺らぎを与えてあげる必要はあります。キーワードは「組織の壁」で、本書の一番の対象です。

本書でこの企業群にこだわる背景は、その数の多さもさることながら、「誰もが通る道」だと考えるからです。たとえば、今をときめくGAFA。ご存じの通り、グーグル、アマゾン、フェイスブック、アップルですが、あくまでもネットの世界にとどまってサービスを拡張しようとするフェイスブック以外は、皆かなり多角化し、「デジタル・コングロマリット」と呼んでもいいレベルに到達していると思います。

このGAFA、グーグルのハードウェアや自動運転、アマゾンのデータセンターや実店舗を含む多角化、アップルのスマートフォンやスマートウォッチなど、その多角化も多様化し、最近はネットストリーミングで荒稼ぎをする時代の先端企業群となっています。本書の執筆時点で時価総額世界№1のアップルに至っては、電気自動車に参入するという噂まであります。

しかし彼らも、巨大な時価総額を背景に潤沢な資金を投入して多角化する以前はどうだったでしょうか。彼らのスタートにまで遡れば、グーグルは検索エンジンを軸とする広告宣伝やデータ分析の会社。アマゾンも書籍とCD販売を中心とするEコマースの会社。アップルだってＭａｃを中心とするパソコンメーカーでした。その意味では、彼らはデジタル技術をテコにまずは本業で大規模専業企業化し、その後に複合化したと言えます。

このような道を通った企業はほとんどのケースで、ルーツとなった事業の文化を継承しています。私がこのジャンルにこだわることはわかっていただけたかと思います。

■中小規模専業企業

「この道ウン十年」といった企業が多く、イメージとしては本社従業員１０００人以下の企業です。日本では中小企業（製造業その他）を従業員３００人以下としていますが、ここでグローバル展開を考慮し少し大き目に取ります。このクラスは創業者一族が大株主のオーナー系も少なくありません。「成長より利益」「家族経営」など独特の価値観を持った企業も多く、ハマれば面白いと思います。一方でオーナーが神の如く振る舞っている企業も結構あるので、オーナーの人格に振り回されるリスクも考慮すべきでしょう。企業規模が小さいので、社内規定や人事制度は大企業ほどしっかりしておらず、それを「無秩序」と思うか「フレキシブル」と考えるかは従業員次第です。

キーワードは「キーパーソン」です。

このジャンルについては、本書ではプライオリティーを少し下げて語ります。その理由は、会社の構造が単純で、キーパーソンとの関係がほとんどの部分を決めてしまうからです。日本企業のみならず外資系でも、オーナー系は、オーナーである「神との語らい」が全てと言っても過言ではないので、あまり悩まず、とりあえず「御神託」に従っていればいい別世界と考えましょう。

結論としては、先述の通り、かなり大規模で事業を展開している専業（もしくはそれに近い）企業の日本法人を最優先とし、次に複合的に多彩な事業を展開しているコングロマリットを次点とし、中小規模専業企業は必要に応じて触れたいと思います。

第1章

外資系企業と日本企業の本質的な違い

日本企業との違いはどこから生まれるのか？

■日本企業の最大の特徴は「不確実性の回避」

国ごとのステレオタイプなキャラクターをネタにしたジョークがあります。「沈みゆくタイタニックから乗客をいかに海に飛び込ませるか？」という、氷山に接触して大惨事を起こしたタイタニック号を題材としたブラックで独断と偏見に満ちたジョークなのですが、典型的な国民性という意味でご紹介しましょう。

さて、あなたは船員で、今まさにタイタニックが沈もうとしています。女性客はすでに救命ボートで海上に避難し、あなたの使命は、残った男性の乗客に対して、いかに海に飛び込ませる声がけをするかです。あなたはこう言います。

アメリカ人　「飛び込めばあなたはヒーローになれますよ」
イギリス人　「飛び込めばあなたはジェントルマン（紳士）になれますよ」
ドイツ人　「飛び込むのは規則で決まっていますよ」
イタリア人　「さっき物凄い美人が飛び込みましたよ」

フランス人　「飛び込まないでください」
ロシア人　「海にウォッカのビンが流れていて飲み放題です」
中国人　「おいしい食材の魚が沢山泳いでいますよ」
韓国人　「日本人はもう飛び込みましたよ」

さて、我々日本人ですが、「皆さんもう飛び込んでいますよ」です。

あまりにもステレオタイプとは言え、なんとなく頷いてしまうジョークです。日本人のパートでは、我々としてはジクジたる思いに駆られるのですが、思い当たる節がないわけではないので、寂しい笑いで誤魔化すしかありません。

私がよく経験した類似のケースがあります。前職のドイツ系企業で私は10年以上にわたり、日本のお客様に新技術や新製品の紹介をしていました。プレゼンテーションをかっこよく決め（?）、さあ質問コーナーです。そこで最も多く受けた質問はなんだったでしょうか？

答えは「その新技術の日本での導入事例はありますか？」でした。この質問にはいつも泣かされていたのですが、その理由は簡単です。新技術の導入で、誰もが一番手ではなく二番手以降になろうとしたら、その技術は永遠に市場に導入できないからです。もちろん、実証された技術を確実に使いたいという気持ちはわからなくもないのですが、「それをやっていたら一生一番になれないですよ！」と日本の前例主義を呪う心の声を抑えることはできませんでした。加えて書いておくと、この背景には、「不確実性の回避」という、日本人が世界でも極めて高いスコアを誇る民族特性があり、それに加えて集団主義の中で、集団の規模による安全性を求める気質が存在します。

「不確実性の回避」に関してもう少し語りましょう。これも質問の多かった「品質」に関する考え方です。「品質をどう保証するか？」に関しては、常々思っていることがあります。それは、誤解を恐れずに言えば、日本企業は「製品は壊れてはいけないもの」と考え、外国企業は「製品は壊れるもの」と認識しているという点です。決して外国企業が「自社製品が故障しても構わない」と思っているわけではなく、当然100％の品質を目指しているのですが、「壊れてはいけないもの」と「壊れるもの」は大きな差を生みます。

具体例で言えば、たとえば携帯電話が故障した場合、普通は代替機を借りたうえで故障した製品を工場に送り、故障解析と修理をして、最後に我々は修理が終わった自分の携帯を受け取っていたと思います。これは、本来「壊れてはいけないもの」が壊れたわけですから、メーカーも顧客も、故障解析で壊れた理由を知る権利があると考えるからです。一方で一部の外国ブランドでは、一定の条件で新品に交換してしまうケースがあります。これは修理に伴う諸々のコスト（人件費や輸送費、運用費等）を考えた場合、そのほうが安上がりということが背景にありますが、顧客のほうも「ちゃんと機能するならオーケー」という感覚の人が少なくないと思います。

こうした事例の根底には、故障という「不確実なもの」に対する感覚と考え方の違いがあるようです。

■国民性――外資系企業も出自によって文化はさまざま

「二度と壊れてはいけないから徹底的に分析して修理する」と「壊れることもあるので、手間を省いて代替品で対応する」という哲学の差は大きく、言い換えれば「リスクはあってはならない」と「リスクは常に存在する」とも読み取れます。この差は、メーカーでの品質保証部門の規模や、新技術の市場導入の早さ、自社責任かが不明でもまず謝る企業姿勢などにもあらわれます。国民性によって大きく差が出る部分なのでしょう。

国民性といえば、ルールと理論と規律が好きなドイツ人気質。私のいたドイツ系企業では、あまりにルールブックと通達が多すぎて、よく「勘弁してくれ」という気分になったものでした。またドイツでマネジメントをしていた時に、理詰めで部下を説得し先方も納得した後に自分が間違っていることに気がつき、真っ青になると同時に、「理屈で動いてしまう社会」の恐ろしさを少し感じたことがありました。

これに対して、知り合いのアメリカ系企業では、現地のマネジメントは日本人に任せるものの、案外と本社集中型で「アメリカで決めたものは間違いなく日本にも通用する」といった態度の指令が本社からよく来ていました。「さすが国内トーナメントをワールドシリーズと呼ぶ国民性」と感心したことがあります。

またビジネススクールでグローバルマネジメントの講師をしていた時に教材に使っていた「社長直轄の営業部長と製造部長が起こした揉め事をどう解決するか？」というテーマも、国民性があらわれて非常に興味深いものでした。もともとは欧州で最も権威のあるＩＮＳＥＡＤというビジネススクールの教材を題材にしたものでしたが、イギリス人と日本人に一番多いのは「相互の話し合いで解決」で、ドイツ人は「揉めないように社内規則を徹底させる」で、フランス人は「社長が絶対権力でことを収める」。インドネシアなど家長主義が強いアジアの国では「社長が戒めればすぐ解決する」というもの。国民性が影響する企業特性と行動原理。案外無視できません。

■業界特性――インフラとソフトウェアでは正反対

これは外国企業・日本企業を問わず出る特徴ですが、業界特性というものも存在します。たとえば重厚長大産業あるいは社会インフラに関わる企業は、一般的にコンサバティブです。特に社会インフラ系は国民の生活に直結するものなので、少しのミスも許されないという「石橋を叩いて安全確認、それでも下の川を泳いで渡る」的な、リスクを徹底的に排除しようとする体質から来るものと想像します。

逆にソフトウェア系の業界は、販売するソフトウェアのバグをバージョンアップ時に堂々と修正する「走りながら（販売してから）考える」的発想です。バグは必ずどこかにあるという認識ですから、リスクに対して寛容という印象があります。

ただ、同じ業界の中でも民族性や国民性での差はあり、やはり日本企業が最もコンサバティブであるという印象は拭えません。いずれにせよ、業界の差は存在するわけなので、もし他業界に転職を考えている人がいたら、まずは業界特性を調べて自分の業界適性度を確認することをお勧めします。

■企業特性――「社風」や「企業文化」の違いはM&A失敗の要因にも

その企業特有のキャラクターですが、「社風」や「企業文化」と読み替えてもいいでしょう。先に述べた民族（国）や業界の特性といった外的要因に影響はされるものの、本質的には企業の内部で作られ熟成する部分と言えます。

社風に代表される企業の特性は、多分に創業者の影響が強い部分ですが、経営者がかわるにつれて社内改革で変化することも普通にあります。昨今、創業時への回帰を言い出す会社が増えた気がします。これは、サラリーマン経営者が増えた今、なんとか社内を再活性化するために、創業期の勢いにあやかりたいとの思いが強くなっているからではないでしょうか。

業界特性でも触れましたが、やはりハードウェアの製造業は、いったん製品を市場に出してしまうとそう簡単に入れ替えができないので、自ずから品質管理が厳しくなり、それが企業文化に影響します。また組織というものは、大きな変化がない状態が長期にわたって継続すると、価値観がだんだん外から内に向いて行く傾向が強いので、創業間もないベンチャーと100年続いている企業を比較した場合、やはり歴史ある企業は良い意味で「安定」、悪い意味では「自己保全意識の強い」組織に見えます。

企業特性は侮れないもので、M&Aでの会社や事業の統合作業における最大級の阻害要因になり得ます。1998年に「世紀の大合併」と呼ばれた独ダイムラー・ベンツと米クライスラーの合併は、両社の文化、すなわち経営哲学や技術思想があまりにも異なり、社風もオープンなクライスラーと官僚的なダイムラー・ベンツという異質な組み合わせでもあったため、当初から「うまくいくはずがない」などと陰口も叩かれていました。

結果はその予想通りで、互いに相手の文化や立場を尊重し合い、またその違いを埋めようとする姿勢が重要だったにもかかわらず、実際はダイムラー・ベンツ側が旧クライスラーの幹部をほぼ駆逐してしまう残念な結果に終わりました。それゆえに実際は「対等合併」ではなく、「吸収合併」だったと言われ、一向に改善しない北米事業もあり、この「世紀の国際結婚」はわずか9年で離婚に至ってしまいました。

M&Aはよく結婚にたとえられますが、お互いの育ちや考え方、生活様式があまりにもかけ離れていると、文化的な摩擦を引き起こして不幸な結果となってしまいます。日本企業が金にあかして海外での大型買収をし、膨大な損失を計上したケースは多々ありますが、経営管理の甘さに加えて文化的な摩擦は確実にあったでしょう。ですから、外国企業との合弁、外国企業の買収等にあたる方には、相手の企業文化への理解を忘れないでもらいたいと思います。企業文化をはかる尺度に関しては巻末に詳細にまとめたので、ぜひご参照ください。

農耕民族と狩猟民族

■農耕民族と狩猟民族はどう違う?

欧米の外国企業の本社、あるいはそこで働く人々の行動原理は個人主義です。一方で、日本で「外資系」と呼ばれる日本法人は日本の顧客や業界、社会からの影響を受けます。そこから私が思い浮かべる風景は、「狩をする農耕民族」あるいは「狩猟民族の村に住む農耕民族」です。

たとえば顧客が日本の製造業であった場合、その企業文化は農耕民族系の文化を色濃く残しています。もっと言えば、製造という作業が一種の農耕作業だと私は考えます。田畑を耕す（工場や生産設備の設営）、苗を用意する（部材を揃える）、村総出で植える（生産管理と製造）、作物の育ち具合を見守る（品質管理）、日々どうしたら実りが良くなるか考える（カイゼン活動）等々。

また農業は、いったん作付けした後は天候に大きく左右されるので、そこにあるメンタリティーは、自ら能動的に動くというよりも、天候という自分ではどうしようもない外的リスクを受けて、冷害など悪天候の悪影響をいかに最小限にとどめるかという、「リスク回避」の傾向が強くなります。

また顧客や業界内は共同体意識が強く、全員で田植えや収穫作業をおこなうために長期的な強い絆を求めます。自分たちの村の外の人か中の人なのかを慎重に見極めながら、段階的に新参者を受け入れていきます。このような行動原理は、我々日本人に依然として根強く残る農耕民族的特性だと感じます。

一方で狩猟民族はどうでしょうか？　農耕の畑が逃げることはありませんが、狩猟における獲物は、こちらから山や森に入り探さないと見つかりません。能動的に動かないと何も手に入らないわけです。また狩猟は、皆が共同で田植えなどの同一作業をおこなう農耕に対して、各人の役割が異なります。獲物のいそうな場所を見つける者、音を出して獲物を追い詰める者、追い出された獲物を仕留める者など、各人の役割は異なり、それが集団で行動します。ですから、チームワークもサッカーのチームのように異なった才能と役割を持った者が共通の目標に向かって協力し合うといった、「個人を基本」としたものになります。「同じ作業への同一性」を求めて「集団の空気を読む」ことが必要な農耕民族とは明らかに異なるものです。

またリスクとチャンスに関する感覚も、深い山に入れば新しい獲物を得るチャンスが高くなると考えれば理解できます。

なお、欧米各国でも地域的に農耕文化は当然あり、アメリカやフランスなどは農業大国です。しかし株主価値を重視する資本市場とそこで活動する企業の関係で見るとやはり「狩猟系」ですし、太古に大陸内で移動し、大航海をし、大陸間で移住した人たちと我々は、決して「同じ農耕民族」とは呼べないと思います。もともと欧州は、「個人の自由と責任」を尊ぶ市民社会の発祥の地。アメリカも自由を求めて人々が移住した国なので、自ずから日本とは異なる行動原理となります。

長々と農耕民族と狩猟民族の話を書きましたが、前提条件が整ったところで、ここからが本題です。

■狩猟民族社会で苦労する農耕民族

欧米の外国企業で、その民族性を基本とし、株式上場でガッツリ資本市場に組み込まれた存在なら、十中八九は狩猟民族系でしょう。狩のリーダー（社長やCEO）は獲物（利益）の分配（株式配当）が悪ければ、村の長老（株主や指名委員会）から退任勧告を受けますし、経営の基本は「儲けてなんぼ」の資本主義の理論に忠実です。また1年以内の短期収益は株主価値の最大化（要は株価と株主への配当）のためには不可欠なので、会社のリーダーが、自分がクビになる前に短期で結果を出そうとする、自己責任の個人主義社会ができあがります（正確には役員契約なので、クビではなく契約解除ですが）。

この影響は日本法人にも当然及んでくるので、あなたが経営者のポジションであった場合は、いかにタフなネゴシエーターであっても、あるいは泣き落としの天才だったとしても、本社がくれる時間は短く、最大でも3年くらいだと思います。それも毎年の進捗チェックはバッチリ入ります。

そこで問題ですが、「3年という期間は日本市場をゼロから開拓する場合に十分な時間でしょうか？」。消費者相手のＢtoＣの場合は、例外的にブームになったりすれば可能かもしれません。しかし顧客が企業のＢtoＢの場合はどうでしょうか？　特に相手が製造業やインフラ系の企業で非常に日本的なコンサバ体質だった場合は？　製品が「世界にそれしかない必要不可欠なもの」でない限りは、3年でゼロから市場を開拓するのは極めて厳しいチャレンジです。

従業員の中には「日本のお客さんは、我々のような新参者はなかなか受け入れてくれないですが、一度信頼関係を築けば長いお付き合いをしてくれます」という人がいます。

ただ問題は「いつまで本社が待ってくれるか？」という時間の問題です。ここに狩猟系と農耕系の間に立つ日本法人の苦悩があり、アプローチにおいても個人主義社会で働く日本人の努力が必要になります。

　本社からすれば、どこの市場でも数字を上げればオーケーです。日本で長い間苦労してやるよりも横を見れば中国やASEAN諸国があり、市場は成長しているし、幸いなことに日本ほど強い地場の競合がいない。さて、あなたが本社の海外担当役員で早く成績を上げたい場合、どこを優先しますか?

　個人としていかに業績を上げるかが本社の担当者の価値観なので、「わかるでしょう?」的な空気を読んでくださいアプローチは無意味です。このような環境で取れる戦略は社内営業につきます。農耕民族系日本市場の特性への理解者を1人でも多く本社で増やし、それが相手個人のメリットにどうつながるかを理解させ、ステップバイステップの進捗をマメに報告して、「遅咲きの日本」をなんとか理解してもらうしかありません。それでもダメなら「俺とお前の仲じゃないか!」という最後の手段もありますが、友人に近い人間関係がないと無理な手段ですし、効果も不明です。

　現地法人の重要な役割の1つに、言語だけではなく、文化の翻訳もあります。この文化の翻訳は、顧客のメンタリティーから始まり、業界習慣、取引監修、市場特性、ありとあらゆるところで必要になります。その意味では、本社からの出張者を寿司や和食の店に連れて行くだけでなく、「異質な文化を持つ日本」の文化を、本社の人間がちゃんと理解できるような文脈に翻訳する作業は日本法人のとても重要な役割なのです。

正直言って、個人主義という点からは、中国企業のほうが日本企業よりも欧米系グローバル企業のメンタリティーに近いです。「日本はグローバルなビジネスの世界から見ればかなり異質」。これが30年以上グローバルなビジネスをしてきた私の結論です。この「日本異質論」と本社の考え方を理解したうえで、本社での「日本理解キャンペーン」を、文化の翻訳を通じて実践することが、個人主義社会で働く我々農耕系日本人の役割だと思います。

良い意味での「イソップ物語のコウモリ」のように、2つの文化の間を飛び回り、時には鳥、時には動物となり、双方の文化的調整者となることを忘れてはいけません。

■狩猟民族が日本の顧客を攻めるとどうなるか

個人的な経験を少しお話しします。私は東日本大震災の後に本社から日本に帰ってきて、発電事業のヘッドを務めました。当時は日本法人の新規国内受注はほとんどゼロ、代理店経由で細々とメンテナンスをおこなっていました。それからツテもなく顧客訪問を繰り返し、課長から部長へ、部長から役員へとネットワークを広げ、今はトップの方とのアポも問題なく取れるようになりましたが、そこまでたどり着くのに約5年かかりました。また組織と受注が大きく飛躍したのもその頃でした。

ただその5年間、「石の上にも3年じゃなくてできれば1年」と考える本社の人たち相手にはいろいろありました。当時の本社セールスのパターンは、出張で日本に来て、バーッと顧客訪問をして、かっこいいプレゼンをして、また本国に帰っていくというのが普通でした。典型的な狩猟民族型営業です（私はこれを「ランボー営業」と呼んでいました。ヘリコプターで敵の陣地に降り立ちマシンガンでバリバリ敵を倒して、颯爽とヘリコプターで帰還するという映画「ランボー」のイメージです）。

「俺がバッチリプレゼンをやっといたから、後はよろしく！」と言われても、何せお客さんのコメントはお愛想含みの「ありがとう」だけで、顧客ニーズがどこにあるかもわからないわけですから、フォローのしようもありません。加えて、日本人の美徳でもあり欠点でもある「お客さんには丁重に」精神で本社出張者が歓待でもされた日には、日本法人は、本社出張者の書いた「日本出張大成功レポート」を信じて明日にでも受注を期待する本社と、「長いお付き合いでの関係構築」を望むお客さんの間で、厄介な立場に追い込まれます。これが「狩猟民族が日本のお客さんを攻める」時のリスクです。

一度くらいならまだしも、同じようなことが立て続けに起こると、一向に進展しない状況が本社での「日本法人無能論」や「日本のトップのリーダーシップ不足論」にまで発展しかねないので注意です。

これを避ける意味でも、普段のお客さんとの本音の関係構築は重要です。時間が許せば事前に日本人だけでミーティングをして、訪問の目的、当方が何を期待するか、現状何か問題があるか、訪問者の立場とできること、などを予め確認し、お客さんにリップサービスではなく本音で話してもらえるように働きかけましょう。もちろんクレームがある時は、ちゃんと言ってもらいましょう。優しい日本のお客さんは、はるばる来てくれた「お客さん」である本社の人間を気遣い、悪い話をしない場合も多々あります。しかしこの悪い話は日本法人にはガンガン来るので、結果的には本社の理解と日本法人からのレポートに大きな乖離を生じさせ、またもや「日本法人無能論」に発展するリスクとなります。ですから日頃より、「日本市場への理解者」を1人でも多く本社で作る必要があります。

ただし、全くの余談ですが、「日本大好き人間」も行きすぎると問題となるケースが前職でありました。

もともと日本に駐在していて、日本が大好きになった本社の「日本通」の話です。彼は日本通を自負していたので、日本に来ることが大好きで思い入れもとても大きいものがありました。ところがこちらが日本で組織を着々と拡大したので、彼の存在感が薄れてきました。またその人は日本に来ると、昔のパートナーや顧客を勝手に訪問していろいろ話をするので、日本法人としても厄介な存在になっていきました。そしてある日、日本での事業戦略をめぐり彼と日本法人の間で決定的な軋轢が起こります。彼からは「あいつらの戦略では日本では勝てない」。日本側からは「10年以上前の知識で日本市場を語るのはいい加減やめてほしい」となり、私が彼の上司から「来週本社に来い」との緊急の呼び出しを受ける羽目となりました。しょうがないので1泊3日の弾丸出張を組んで本社での会議に臨みました。会議室に入ると最初から険悪な雰囲気で先方は3人、こちらはたった1人で完全にアウェーです。そしてその日本通が会議を開始すべく自分のパソコン画面をスクリーンに映しました。どこかのお寺でしょうか、綺麗な日本庭園がスクリーンセーバーで映し出されました。それからの会話は、日本通「お前これがどこの寺かわかるか?」、私「さー、京都かどこかのお寺じゃないの?」、日本通「ふん、知らないのか、俺はお前より日本を知っているのだ。

この寺はだな……」。それからは延々と彼がいかに日本と日本市場を知っているかが続き、こちらは夜行便の睡眠不足で眠くなってきたので、「そろそろ本題に入ろうよ」と言ってしまい、それがまた火に油を注ぐ結果となりました。結局本題での議論は平行線をたどり、こちらもあまりの不毛な議論に腹が立ち、「勝つことだけが目的」で屁理屈を捏ねまくった結果、この試合は引き分け、僅差で日本側にプラス1ポイントとなりました。

「日本市場への理解者」は味方につければ本当に頼もしい存在ですが、いったん敵に回すと怖い存在となるという実話でした。なお後日談ですが、その日本通のドイツ人が日本の顧客に漏らした私の人物像は、「アイツはドイツ人よりドイツ人っぽい」だったそうです。

コンテクストとアサンプション

■契約書にあらわれる「コンテクスト」

文化に根差す別の例としては「コンテクスト」(context)の問題があります。一般に「文脈」と訳されているようですが、以下解説します。

一般に欧米のような低コンテクスト文化では、イエス／ノーのように言葉の意味するものはそのままで、比喩や裏の解釈は不要と言えます。かたや日本は高コンテクスト文化だと言われ、物事の表現や1つの単語でも異なる意味や解釈が可能なので、文脈や会話の流れから正確な意味を判断する必要があります。

たとえば「あなた」は英語ではYouの1つだけ、ドイツ語圏ではSie/Duの2つになりますが、日本語では、貴方、貴女、貴殿、きみ、おまえ、あんた、などさまざまあり、状況や相手との関係で使い分けています。あるいは日本語の「前向きに検討します」「考えさせてください」はイエスでしょうか？　それともノーでしょうか？直訳すれば限りなくイエスに近いですが、日本文化を背景として意訳すれば、丁重に相手を傷つけないように配慮したノーとなる可能性が大です。なぜこのような使い方が可能かと言えば、同一民族での「常識」が存在し、これを双方が共有している限り「察し」がつくので、同じ解釈が可能となるわけです。「察し」「阿吽《あうん》の呼吸」「以心伝心」「目や背中で語る」は残念ながら異文化の人たちには通用しません。

コンテクストの別の例を挙げるなら、契約書があります。外国企業との契約書は大体分厚く、私はファイル1冊分の契約書を扱ったこともありました（お客さんの要望による翻訳代だけで数百万円かかりました)。なぜそんなに分厚くなるかと言えば、全ての重要な単語の定義が書いてあるからです。対象製品、販売地域、保証範囲、免責事項等、こう書くとどうということのないように見えますが、たとえば「製品」では事細かに仕様や付属部品レベルまで書いてあり、販売地域も再販の可否や可能な場合の地域を1つ1つ地名で挙げるなど、とにかく細かい内容です。特に免責事項は細かく、まるで保険の契約書のようです。考えてみれば、文化の異なる国・民族が国境を越えて契約を結ぶので、そこに「常識」という曖昧さは一切許されません。そのため、低コンテクストでの契約書が必要となるわけです。

国内企業同士での契約書(日本人同士の「常識」が通じるのでかなり薄い)によく見られる「双方協議のうえで解決にあたる」とか「双方誠意を持って善処する」などは曖昧な部分が多く、避けるべき文言だと思います。前述したように、イソップ物語のコウモリのように、2つの文化の間を飛び回り、時には鳥、時には動物となり、双方の文化的調整者として前述の「文化の翻訳者」となるのも日本法人に勤める社員の役割です。「善処する」も「協議」も「誠意」も、お互い異なる解釈をする文化的リスクがあるので、低コンテクスト文化では意味をなさないでしょう。

笑える話ですが、ドイツから日本に帰ってきて、取り急ぎ賃貸のマンションに住んだことがありました。そこは誰もが知っている大手のデベロッパーが管理する賃貸住宅で、外国人居住者もとても多い物件でした。いざ契約となり契約書の中身を見てみると、「飼ってはいけない動物、ゾウ、カバ、キリン、ワニ、ライオン、クマ……」と延々とリストに書いてありました。「さすがグローバルスタンダードの低コンテクスト契約書だ！」と妙に感心しながら大笑いした記憶があります。

日本企業と外国企業の交渉事では、時に文化の差異を埋めないと後々大問題に発展するケースがあるので、本社の人間が出る交渉事ではミーティング直後に外国企業（＝低コンテクスト）側だけのフォローアップをお勧めします。「○○社長はこう言ったが、その意味は」など相手の重要な発言や、空気（雰囲気）から出てくる暗黙のメッセージなど、高コンテクスト特有の隠された意味を低コンテクストに翻訳する必要があります。日本文化に慣れた外国人は逆に「彼の発言の真意は？」などと聞いてくることも多々あり、「あの発言は本音か建て前か？」などと聞くエキスパートもいるので、そのような場合にも確実に答えられるように、会議では目と耳と脳をフル回転させておくべきでしょう。

特にコンテクストの高い組織では、「彼はああ言ったけど、先方の企業文化を考えれば」的な情報が随所に存在するので、それを見つけるための密なコミュニケーションも重要になります。

■「アサンプション」にご用心

「アサンプション」（assumption）という言葉が異文化マネジメント関連の話でよく出てきます。前項の「コンテクスト」とも関係することです。

アサンプションとは「こうだろう」「このはずだ」といった相手の発言の意味や行動への推測ですが、その背後には判断基準としての「常識」があります。常識は文化によって異なるものですから、文化が異なる相手とのコミュニケーション、特に高コンテクスト文化同士では、「悪気のない誤解と期待」になり、思わぬ落とし穴となるケースがあります。

同じ民族で共通の文化を持つ人たちの間ならば、それほど心配はいらないのですが、「こうだろう」のアサンプションは次に「相手もこうしてくれるだろう」という期待（エクスペクテーション）に変わりやすいので、そうなると認識のギャップはますます広がります。

また個人の思い込みに端を発するアサンプションは偏見につながります。「〇〇人は働かない」「〇〇人はケチだ」などという民族に対するアサンプションは、最悪の場合は法的問題に発展します。あるいは「子供のいる女性は仕事に身が入らない」「新人なので文句も言わず遅くまで残業するだろう」などという超男性社会的な発言は確実にハラスメントでアウトです。

それでも「俺の考え、私の理解」でいいと思っている方、「いちいち相手のことなんか考えてられない」と思っている方、あるいは「話せばわかる」と思っている方に、日本人が陥ったアサンプションとエクスペクテーションの失敗例を紹介しましょう。

20年ほど前ですが、ある日系の中堅メーカーがアジアに工場進出しました。単独資本では初の海外工場なので、本社工場から工場長が自ら現地入りし社長に就任、立ち上げを実施することになりました。この方、製造畑の出身で親分肌、社員からの人望も厚い好人物。正に適任と思われました。

現地従業員の採用は、後発ということもあり、他の日本企業より少し高めの給与で従業員の反応も良好でした。

1年が経ち初の労使交渉。社長は「みんな頑張っているし、初年度なので」と労働組合に満額回答。またまた従業員の士気も上がり、社長の人気も上がりました。ところが2年後に大問題が起こり、工場は全面ストという危機的状況に陥ります。理由は、社長以下会社側が賃金のアップを認めなかったことにありました。この話の裏には、大きく異なってしまった「アサンプション」と「エクスペクテーション」があったのです。ここで一度読むのをやめて、どういうことが起こったかを想像してみてください。主役は本社から来た社長と現地労働組合です。

さて、何が起こったかというと、こういうことです。

時は遡り1年目の労使交渉の後、社長はこう思っていました。「もともと他より良い条件で採用したし、賃金アップも満額回答。お互いにわかり合えるいい関係が組合と作れた」。かたや組合はこう思っていました。「給与も他より良いし、賃金アップも満額回答。本当に良い儲かる会社のようだ」。

気づきましたか？　双方の理解に少し齟齬が出始めました。賃金待遇に関するアサンプションです。

さて2回目の交渉前の時点ですが、社長「初年度は給与水準で無理をしてしまったので、今回は賃金据え置きで組合の理解を求めよう。お互い関係は良好だし、彼らも理解してくれるはず」。これに対する組合は「初年度は一発回答。業績は良いのだろう。わかってくれる社長だし、今回も我々の要求にきっと応えてくれるはず」。

こうしてエクスペクテーションが180度逆になり、結局は労働争議に発展してしまったのです。
それまでの両者の考えをもう一度整理すると次のようになります。

ファクト

（社長・組合の双方とも）現地水準より高い給与と1年目の賃金交渉満額回答

アサンプション

（社長）双方わかり合えて協調する土壌は作った。

（組合）この会社は太っ腹で業績も良いはず。

エクスペクテーション

（社長）次回は組合も会社の立場をわかって協力してくれるはず。

（組合）次回もきっと要求通りの満額回答をくれるはず。

ポイントは、「もともとのファクトは1つ」だということです。しかし、そこに人間の想像力やそれから派生する都合の良い期待が加わると、全く違う解釈と期待に変わってしまいます。

「高コンテクストの察しの文化」は非常に危険なので、異文化との交渉ごとでは必ず、事実の積み重ねと取り決めでおこなう「低コンテクスト」型の事実確認と意見交換をするべきです。前段で書いた「前向きに検討します」あるいは「考えさせてください」なども、低コンテクストで推測するか、高コンテクストで推測するかでは全く逆のアサンプションを生じさせますよね。たとえば「考えさせてください」は英語で"Let me think about it"ですから、"think"が相手から間違いなく「前向きのメッセージ」に取られますし、相手の立場を気遣うばかりに「貴社の状況は理解できました」「あなたの意見はよくわかりました」などと言った場合も、"understand"が一種の同意と取られ、「その後は察してくれよ」は通用しないでしょう。もし言いたいのなら必ず、「しかし当社の考えは○○で……」と続けて立場と意見の表明をちゃんとすべきでしょう。

集団主義と個人主義

経営戦略と並ぶ、企業の「永遠の重要課題」の1つは「人事」です。社員のいない企業はただの箱。いくらAIが普及しても、その用途を考えるのは人。企業の文化を作るのも壊すのも人。元来集団主義的な発想を持つ日本人社員が働く個人主義文化の欧米外資系企業、すなわち日本法人の人事上の課題の大半は、集団主義と個人主義といった文化的な差異に帰結すると言っても過言ではありません。新聞や雑誌を見ていても、どこそこの会社が新しい人事制度をスタートしただの、グローバルな人事制度を採用しただの、働き方改革だの、こと「人」に関する報道や記事を見ない日はありません。

個人的意見ですが、日本のメディアほど企業の人事関連記事を報道するところはないと思っています。米国も人事系の話題は多いですが、それは多民族国家と個人主義に基づく課題が中心で、人種間の問題や、個人の能力に関するものが多い。それに対して、日本における報道や記事は、「村の掟が変わる」「隣の村でルールが変わった」的な、集団主義の中での社会変化の1つとして人事を捉えているケースがほとんどです。

「企業は人なり」という言葉もあるくらい重要な「人」に関するテーマ。ここでの個人主義と集団主義の軋轢は、外資系日本法人における最大かつベーシックな課題だと思います。

■自立した個人

「自立した個人」——響きの良い言葉ですが、集団主義に根差した日本の会社で実現できるのでしょうか？　あるいは日本の会社に定着させてよいものなのでしょうか？「自立した個人」にとって会社の存在は一種のプラットフォームです。自分の自己実現のための、やりたい仕事をするための場を提供するのが会社であり、もし会社がその場を提供できなくなったら、次の場を求めるのが自立したプロフェッショナルです。外資系のマネジメント職に転職を考えている人は、この点を肝に銘じておいてください。

私事ですが、私が前職を辞したのも自分の10年先を考えたうえでのキャリア転換で、その背景となる理由はこれでした。別に自分がしたので書いているわけではありません。海外企業の日本法人のトップのほとんどは、そこで引退ではなく、退職したのちに自ら事業を起こす、日本企業に役員で参画する、エンジェル投資家になるなど、次のキャリアをさまざまに模索・展開しています。

日本の社会も数十年前に比べれば「個」が強くなり、より個人主義の方向に向かっていると思いますが、そのような社員を管理する中間管理職や上層部のメンタリティーは、相変わらず昭和のままのようです。それゆえに、もともと「個人」をベースとする目標管理制度を形だけ導入して失敗した、人事系コンサルが紹介してきた海外の画期的な人事制度がなぜか上手くいかなかった、といったケースが多々あります。評価する社員には変化を求めるが、自分（管理職）は古い成功事例のままの「変わりきれないマネジメント」であるがゆえに、制度を上手く運用できなかったケースが過去何度もあった気がします。

「個」が強くなれば、「会社のため」「部門のため」といった高度成長時代の日本企業の集団行動原理は価値をなさなくなります。つまり、集団主義的な組織展開から、「さまざまな個性と価値観」で構成された多様性に富んだ組織を束ねていかなければならない必要性が出てきます。「ダイバーシティ（多様性）」を標榜しながら、その実はどこを切っても同じ「金太郎飴」を求めるような価値観はもはや通用しないということです。

「個」に悩まされる日本企業に対して、外国企業の管理形態はもともと「個」を中心に据えており、その日本法人が同様のシステムを導入していれば、制度的にも精神的にも個人主義に基づく人事インフラは整っていると言えます。昨今は日本で流行の兆しがある職能記述に基づく「ジョブ型管理」も数十年前から当たり前のようにおこなっているので、全く違和感はありません。

以上のことから、外資系企業は、「自立した」あるいは「自立を目指す」人にとっては心地よい職場になるでしょう。逆に「組織への帰属」を価値の中心に置く人は、スタッフレベルなら構いませんが、マネジメントを目指すには向いていないと思います。

加えて言えば、あなたのキャリアデベロップメント、会社に対する考えはどうでしょうか？　あなたにとっての会社は「村」ですか？　それとも自己実現のための「プラットフォーム（利用・活用する場）」でしょうか？　それによっても「向き・不向き」がわかります。「自立した人」は活躍・自己実現の場所とそれをタスクベースで実施するチームさえあればオーケーで、「そこにいることが価値」といったしがらみは不要なのです。

■業績連動ボーナスは個人ベースか部門ベースか

業績で社員の評価やボーナスが大きく変わる人事制度を導入している企業では、目標数値の達成を個人ベースで設定・評価するか、部門や会社全体でおこなうかは永遠のテーマだと思います。この点は外国企業でも多かれ少なかれ同じですが、間違いなく日本企業よりは「個」に振ります。

またこのテーマは、業種や職種によっても求めるものが異なるので厄介です。今までに4社の経営をした個人的な印象では、事業業績が良い時は社員の意識も個人ベースでの評価基準に振れがちで、事業業績が悪くなると組織レベルに基準を求めるセーフティーネット志向が社員にあるようです。

社内の職種例で具体的に言えば、営業職や独立意識の高い事業部門では狩猟民族系の個人プレイヤーが多いので、個人目標の達成度合いでボーナスが大きく振れても違和感は感じません。一方で人事、経理、法務、業務といったバックオフィス系の職種は、もともと自分たちが事業の最前線にいるという意識は希薄かつ農耕民族系の組織文化を持っているので、部門や会社組織を基準とし、加えて上下の振れも少ない安定型を好む傾向にあります。

いずれにせよ、大きな外国企業では、業績に連動させた成功報酬制度の比率が高く、それが社内カンパニーや事業ユニットのレベルで設定されていると思います。またその目標は、下部門を通じて最終的には個人レベルまで落とし込まれているケースも普通です。そのため、社員や転職希望者はこの「業績連動部分」が、どれくらいの割合か？　数値目標は部門単位か個人レベルか？　などを見極めて、その「チャンスとリスク」レベルが自分に合っているかどうかを考えたほうがよいでしょう。

ちなみに私は、月給が固定、ボーナスは冬に1回だけの完全業績連動で年収のほぼ半分近くを占めていました。ボーナスがゼロから200%と連動する設計でしたが、100%を死守するために「来年はどんな目標が本社から降りてくるか?」で戦々恐々としていたことを覚えています。これは取締役以外にもCEOとしての業務責任があったからで、外資系企業の全ての層に当てはまるとは限りませんし、日本企業でも成功報酬のない取締役契約は珍しくありません。また外資系といえども一般従業員にはちゃんと年2回ボーナス支給をしているので、家のローンはちゃんと組めます(笑)。

■結果重視かプロセス重視か

前項に引き続き、人事に関わる大きな課題です。社員の評価を結果(成果)でおこなうか、プロセス(過程)でおこなうか? これも人事上の永遠のテーマですが、個人的には両方の比率を時々で変えて運用する、また部門の業務特性で若干の差をつけるのが理想と考えています。

たとえば新規事業の立ち上げの時期は、「種まき」のフェーズなので、営業を例にとれば、結果（受注）がなかなかついてきません。そのため通常の評価期間の1年といった目先の成果（受注額）ばかりに目を向けさせるのは得策ではありません。初期の市場開拓で最も必要とされるプロセスも考慮してあげるべきでしょう。後々に数字上の成果が出てくると、営業は自然と結果で評価されたがります。同じく人材育成でこの2つの基準を考えた場合、プロセスは「社員の成長を見るため」、成果の評価は「成長の結果を確認するため」と認識するのが正しいと思います。

最近は成果主義を採用している日本企業も普通にありますが、以前はプロセスが中心の評価だったはずです。農耕民族的な発想からいえば、皆で田植えや種まき、収穫をしている時に1人だけ別のことをやられても困るわけで、それが集団主義につながります。その中では「どう組織に貢献したか？」が重要であり、組織の理論からいえば、それは「何をしたか？」ではなく「どうやってしたか？」に重点が置かれます。

では、外資系企業はどうでしょうか？　もうおわかりだと思いますが、「結果」と「結果を出すためのプロセス」です。いずれにしても「結果」は問われます。以前ビジネススクールで教えていた時に次のような課題を使っていたことがあります。

あなたは部下にどうしても明日の朝までに緊急でレポートを上げてもらう必要があって、スミスさんとグエンさんに頼みました。その時の両者の反応は、

スミスさん　―妻の誕生日で今晩は会食予定です。明日までにはできないと思います。

グエンさん　―わかりました。明日までに仕上げます。

そして翌朝2人を呼んでみると、次のような反応が。

スミスさん　―不完全かもしれませんが、一応書いてきました。

グエンさん　―徹夜でいろいろ頑張ったのですが、できませんでした。すみません。

さて、あなたはどちらを評価しますか？　おわかりの通り、スミスさんは「結果」が伴い、グエンさんは「プロセス」で頑張りました。スミスさんはいったん断ってきたので腹は立ったが、結果を出してくれたので評価しますか？　それともグエンさんは一生懸命ボスのために頑張ってくれたので可愛いやつだと評価しますか？

実は正しい答えはありません。答えは「どの文化に2人が所属するか？」にかかっています。どちらを取るかもあなた次第ですし、それは業界や部署によって温度差があると思います。とは言え、ただ1つ言えることは、欧米系の外国企業であれば間違いなく「結果」をベースに考えてスミスさんを取ると思います。プロセスも「人を育てる」という意味では重要ですが、（くどいようですが）あくまでも「結果を出すためのプロセス」です。今日のメシが食えないのに明後日の収穫を考えてもしょうがないと言えます。

最近は日本企業も結果を重視するようになっていますが、昔の高度成長時代から脈々と続くメンタリティーで、時には「頑張っている」「一生懸命」「協力的」「同僚と協調的」といった、多分に感情的な評価で人事考課を終わらせようとする管理職も存在します。

成果主義型人事考課制度を導入してもなかなか進まない理由の1つに、こういった「感情的なプロセス主義から抜けきれない中間管理職」の存在があるようです。「そんなことはない。最近は日本企業も成果重視だ！」とあなたが思うなら1つ質問です。社内検討すべき事項があって、あなたはその結果をプレゼンテーションする必要があります。さて、どのような構成順にしますか？　「検討事項内容―検討の背景―各種分析と評価―結論」まあこんな感じでしょうか？　おめでとうございます。あなたは立派なプロセス型です。成果（結果）主義型のプレゼンは初めに結論ありきで、1ページ目に「結果」が来ます。

ちなみに私は、経営判断に関しては完全に「結果主義」で、社長室には次のようなプレートを英語で置いていました。

- ミーティングは30分
- 初めに結論
- 最後に次のアクション確認

「能力主義」「結果・成果主義」でおこなうマネジメント。これが外資系日本法人の基本と考えて差し支えないでしょうが、ここに思わぬ落とし穴があります。それは日本の労働基準法に代表される各種の労働関連法です。「成果」や「結果」で従業員を日々管理したくても、残業という「どれだけ仕事に時間をかけたか？」というプロセスの長さでの賃金の支払いが必要ですし、残業を一律とする「みなし残業」も一部の企画職に限られています。あるいは成果を伴わない仕事ぶりでも、犯罪や経費の水増しといった法律や内規への重大な違反行為でもない限りは、従業員の解雇はまずできません。できることといえば、せいぜい毎年の人事考課面接で低い評価点を説明し、3年くらい後にやんわりと自主退職を切り出す程度です。

また残業で考えれば、「早く仕事を終わらせた人」のほうが「のろのろ仕事をした人」より収入が低いことになってしまいます。工場の生産ラインのように、皆が集団で作業をおこない、アウトプットも全体で管理されている場合は、「残業＝生産増加」となり、残業代も当然支払うべきですが、個人差が出る専門職のホワイトカラーに関してても同じ括りで評価しなければならないところに、日本の外資系企業における管理職の妥協と矛盾に満ちた悩みが詰まっています。

第2章

外資系企業の経営手法とその特色

外資系企業が高確率で「ハッタリ」を実現させるわけ

■「演繹法」と「帰納法」

外国企業が使う戦略構築の手法の1つに、「演繹法」によるアプローチがあります。いわゆる「こうなるはずだ」「こうあるべきだ」を先に決めて、それから「どうすれば到達できるか?」を考えていくパターンです。それに対して一般的に日本企業は一歩一歩進んでいく「帰納法」のアプローチが得意と言われ、代表的なものにカイゼン運動があります。これは原始の時代の暮らしで考えれば、「あそこの山に獲物がいるはずだ」と仮説を立てて、そこに突き進む狩人と、毎日天気を気にして、「どうすれば農作物が成長するか?」を考える農民のイメージでしょうか。

演繹法は、「今」のしがらみに囚われない将来像を先に描く分だけ、大胆かつ成功時のリターンが大きいと言えます。対して帰納法は、どうしても「今」をベースに考えるので、発想のスケールが小さくなりがちです。上手い方向に行けば、あとで自分のたどった道を振り返り、「結構遠くまで来たな」と思えることもあるでしょうが、それは結果論なので、リスクが低い分だけ期待リターンも小さくなりがちです。演繹

[図2]

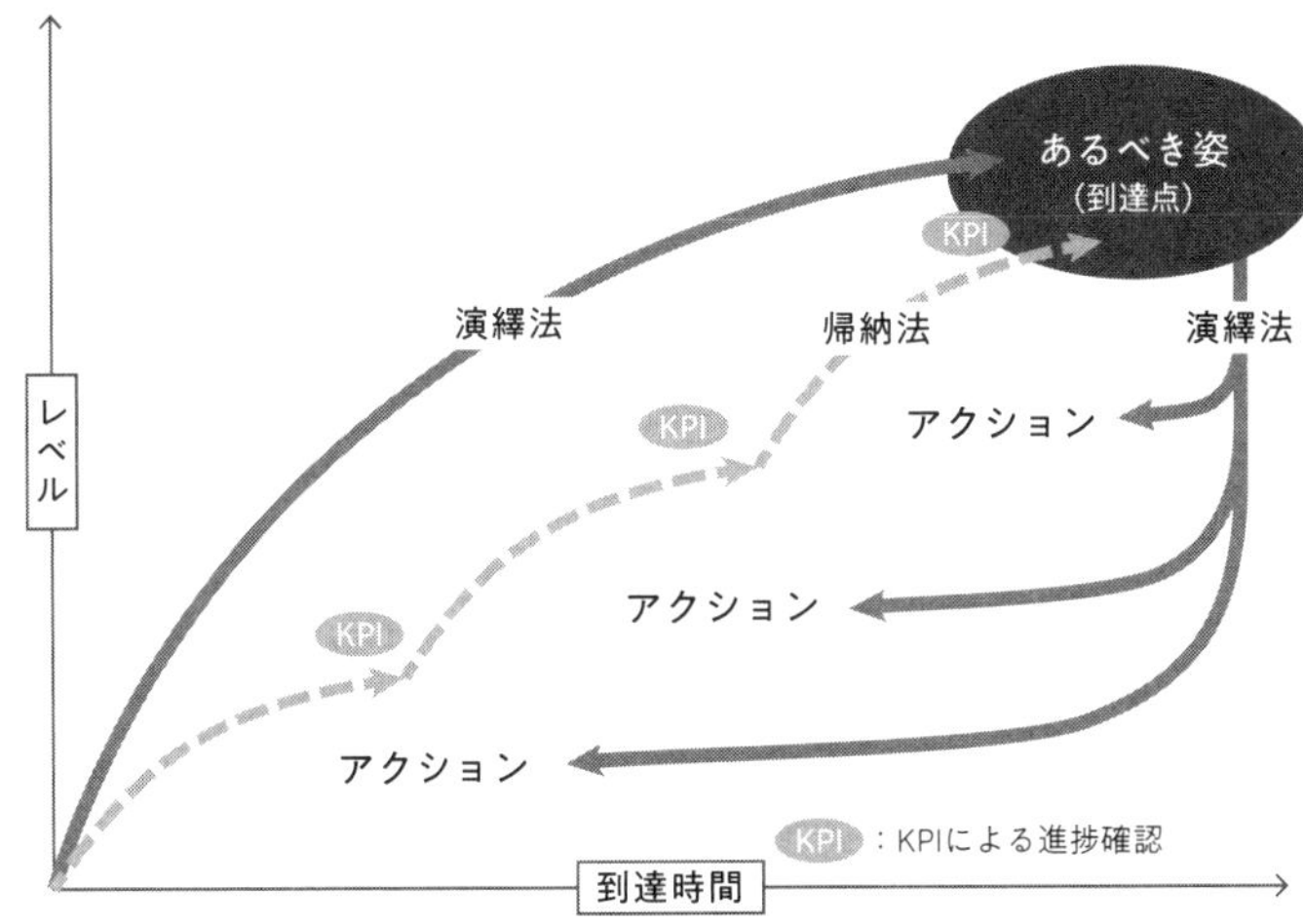

法時の帰納法の違いのイメージを載せたので、見てみてください（図2参照）。

話を演繹法に戻すと、演繹法的に設定したコンセプトや将来予測は、必ずしも「現在」の延長とは限らない「あるべき姿」なので、正直言って、当たるも八卦当たらぬも八卦という部分もあります。実際私も欧州で計画され、技術的なブレークスルーができずに失敗した、カーナビを中心とした「壮大な交通管理システム構想」を現地で経験したことがあります。「壮大な計画」ゆえ、現状とのギャップが埋めきれなかった例でしょう。その意味で悪く言えば「壮大なハッタリ」とも取れる結果になりました。ただ、さまざまな科学的な分析や専門家とのコラボをすれば、このような「将来のあるべき姿」や「将来の環境予測」も、「ハッタリ」ではなく、かなり精度を高めることができます。

外国企業のアナリストや投資家に対する事業説明を見ていていつも思うのは、この「ゴールの見せ方」と「説明ロジックの組み方」が非常に上手いということです。トップマネジメントも自信たっぷりに説明をするので、なんとなく「できそう」と思ってしまいます。日本でも、こういうビジョンの見せ方や説明のプレゼンテーションで「ハッタリをかます」やり方に関しては、ソフトバンクの孫さんは非常に優れています。トヨタも社長の章男さん以下皆さん、見せ方に関してのトレーニングを受けられているようです。

■予測や計画を実現させる3つのポイント

「将来予測や計画は、普通の日本企業でも、経営ビジョンや中期計画目標で使っているよ」と皆さんは思うかもしれません。その通りです。日本企業もやっているケースが多々あります。ただ、確認したいことが3点あります。

- 経営者がその予測や計画の実現性を本当に信じ、心底コミットしているか？
- 経営者が目標を提示したら、社内はそれに向かって動くか？
- ビジョンであれ中期ゴールであれ、それを末端の社員でもスラスラ言えるか？

1つ目の質問「経営者がその予測や計画の実現性を本当に信じ、心底コミットしているか？」の背景は、経営者のリーダーとしての信頼性です。たとえば経営企画部門や調査部門が出してきた予測をなんとなくOKして、彼らが作成した中期目標を「良きに計らえ」的に掲げて設定したとしたら、それは本当に自信を持って言える内容でしょうか？　社員も株主も馬鹿ではないので、「あなた任せ」のリーダーでは、「リーダーシップに欠ける人」の烙印を押されかねません。またその程度の薄っぺらな思いでは他人も説得できません。

私は外資系勤務時代に自分の組織を「サファリパーク」と呼んでいました。人種も個性もとても多様な組織だったので、不謹慎ながらサファリの動物がパーク（会社）の中にいることにたとえていたのです。このような文化的な多様性を持つ組織での意思の統一は非常に労力を使います。上が「右！」と言ったところで、ライオンは勝手に狩に行ってしまうわ、カバは眠りこけているわ、マントヒヒはうなずいているけど意味はわかってなさそうだわ、ペリカンは巣作りに忙しいわと、なかなか方針やビジョンが浸透しません。そんな時は、全体でのミーティングをしたり、オフサイトで合宿をしたり、事あるごとに話したりと、いろいろな手を尽くして全員の理解を統一しようとするのですが、自分を騙すくらいのレベルでの確信と自信（ハッタリを信じさせるカリスマ性）がないと、さまざまな動物（＝異なる文化を背景とする社員）に納得してもらえませんでした。多国籍の外国企業のリーダーは常々同様の状態にあります。

昨今は、「社員の個性」を謳う日本企業も増えてきましたが、組織の「同質性」に甘えていませんか？　個性の多様化は、それをまとめるリーダーシップの難易度を高め、リーダーの資質をよりシビアに問うことは覚えておくべきです。しかし、リーダーがいったんそれを克服し、「猛獣使い」として彼らを説得できたなら、リーダーが自己暗示的に信じている「ハッタリ」はもはやハッタリではなく、現実の「実現可能な目標」に変わるのです。

2つ目の質問「経営者が目標を提示したら、社内はそれに向かって動くか？」の背景は、先ほど説明した演繹法とそのアプローチになります。社長がいくらすばらしい目標を立てても、社内がそれに向かって動かなければ実現は不可能です。通常演繹法に対比されるものは「帰納法」で、代表的なものはカイゼン運動だと書きましたが、これは「今」をベースに1つ1つ進めていく手法なので、失敗も少なく、社員も実行のハードルが低いと考えます。もちろん、その分大胆さに欠けるので、「大化け」はしないながらも、社内にも浸透しやすいでしょう。

それに対して演繹法は、「今すぐはできない」ものを目標とするので実行の難易度は高くなりますが、達成時の成果には目を見張るものがあります。リスクもかなりあるので「バクチ」と表現することもできるでしょう。では、この「バクチ」の成功率を左右するものは何かと言えば、「今」と「ゴール」の間にあるさまざまなアクションプロセスです。さらに言えばそのプロセスをどう設計して、最適に組み合わせるか、中間の到達点をどこに置いて、その達成を評価する基準であるKPI（キーパフォーマンスインデックス）に何を使うかも重要です。そしてそのような複雑なプロセス全体を統括するプロジェクトマネージャーの責任も重くなります。プロジェクトマネージャーが全体のリードや調整に失敗すると、目標に向かう道はバラバラになってしまい、プロジェクトメンバーも機能しなくなります。これが「社内は動くか？」の問いの背景です。

ある社長さんが、未達になった経営計画に関して、「目標は間違っていなかったが社内が思ったように動かなかった」と言っているのを雑誌で読んだことがあります。正直言って、リーダーシップに欠ける人だと思いました。リーダーの自覚がなく、自分が言えば下がやってくれるとでも思っていたのでしょうか？　その人の目標は、その人が社長であった時点ですでに達成不可能であったと言わざるを得ません。

3つ目の「ビジョンや中期ゴールを末端の社員でもスラスラ言えるか？」ですが、これは組織内で十分にコミュニケーションが取れているかの確認事項です。社員は目標が設定されたら、皆が目標内容を理解し、同じ達成時のイメージを持ち、自分は何をすべきかを理解していなければなりません。また、それらのアクションプロセスでは、目標に対して今どの辺りにいるのかも具体的に理解していなければなりません。船の航海で言うならば、そもそも「最終目的地はどこか？」「今はどこに向かって、どの辺りにいるのか？」がわからないクルーの操縦する船などとても怖くて乗っていられません。

この「目的意識の共有」はコミュニケーションの深さと頻度に比例します。「社長が言ったのだから、あとは皆がやってくれるだろう」などといった甘い考えでは、何も起こりません。メッセージは何度でも手段を変えて伝える必要があります。

以前、米国の社会学者がおこなった人間の記憶力に関する調査結果を見たことがあります。ニュース番組を被験者に見てもらい、「どれくらい覚えているか？」を時間経過とともに調べたものですが、ほとんどの被験者はニュースの内容を数日後には忘れていました。言葉による情報伝達は非常に弱いという結果です。もう少し長持ちしたものは視覚情報で、アナウンサーの仕草や服装の記憶のほうは、１週間近くは被験者の記憶に残ったそうです。プレゼンテーションでの身振り手振りのアクションはこの辺りの情報強化の必要性からきています。

社員に自分の意思を覚えてほしければ、何十回となく繰り返すべきでしょう。自分が飽きてもまだ伝えるべきです。そうしているうちに社長の「ハッタリ」も、実現可能な目標として組織に定着するのです。カードや冊子を作って配ったくらいではなんの効果もありません。リーダーの情熱としつこいくらいの繰り返しと成果が全てを語ります。

外国企業でもマスコミの活用が上手い経営者がいます。自分が社内に向かって送るべきメッセージを、新聞や雑誌、ウェブニュースなどのインタビューで話し、掲載してもらうのです。不思議なことに、社員も社長から直接聞いたことは結構忘れるし、半信半疑の部分もあるのですが、同じ内容が外部のメディアに載った場合は、「客観的な事実」と思ってしまいます。それゆえ、情報を信用する度合いも高くなり、内容も結構覚えているものです。

どんな手段でもいいから、社員に情報が伝わるよう、最大限努力する。これが自分の言葉を「ハッタリ」から「リアル」に脱却させる唯一の手段だと思います。

外資系企業の経営者は、「株主価値」で動く

■会社は誰のものか？――「株主」「社会」「顧客」「従業員」の間で

古今東西の永遠の議論で「会社は誰のものか？」というものがあります。企業のステークホルダー（利害関係者）は大きく分けて4つ。「株主」「社会」「顧客」「従業員」と言われていますが、どれも重要と思えますし、経営者としても「これ1つだけ」とは言い難いでしょう。またこの辺りのバランスにも文化の差が出ていると感じます。

資本主義と個人主義が強い米国ではやはり、「株主価値」が強いですし、もともと社会資本主義的で日本に近かった欧州なども、昨今は株主価値を全面に出すアングロサクソン型資本主義が強くなったと感じます。一方で従来の日本では「会社は社会の

公器」的発想が強く、会社を昔の寄り合いや講といった、皆が寄り合う一種の社会的なもの（ソサエティー）として考えていた節があります（面白いことに「会社」の漢字を逆さにすると「社会」になります）。

確かに日本は、一時期「戦後最も成功した社会主義国」と呼ばれるほどに社会主義的な側面を企業社会で持っていました。戦後大きく成長した大企業は、従業員の福利厚生を充実させることで、社会福祉の一部の代替機能を担っていましたし、従業員のための自前の社宅、託児所、幼稚園、病院、保養所などなど、その実例は限りなく多いです。レストランや自動車教習所を持っている企業すらありました。同じ会社に所属することにより、さまざまな特典を受け、ロイヤリティーが高まり、終始みんなの会社のために働く。「集団主義」「村社会」といった単語がすぐ浮かびますが、この場合は「会社」と「社会」はほぼ同じ存在となっており、企業の雇用を中心とした「社会的価値」が、過去いかに重要だったかがうかがえます。

余談ながら、古き良き時代の日本企業における自前の社宅、託児所などの話を書きましたが、1990年代初頭にコンサルタントとして、ロシアにおける旧国営企業の民営化のプロジェクトに参加したことがありました。その際に某国営企業で見たものは、全く同じくさまざまな福利厚生施設でした。「なるほど、確かに日本は戦後最も成功した社会主義国だわい」と感心したものです。

■外資系企業の「取締役」は、厳然たる「株主の代理人」

株式会社である限りは必ず「株主」は存在し、これが上場企業であれば、株を買って自社に投資してくれた、機関投資家、ファンド、個人など、さまざまな株主の期待にこたえる義務があります。米国企業を代表とするアングロサクソン型資本主義に忠実な企業のみならず、日本に近い企業社会を形成していたライン型資本主義のドイツですら、20年くらい前から「株主価値」をとても重視するようになってきました。

なぜドイツでも「株主価値」が前面に出てくるようになったかを簡潔に紐解けば、取締役以上の経営者の位置づけに起因する部分が大きいです。特に企業が監査委員会や指名委員会といったガバナンスのシステムを取っている場合はなおさらです。

ご存じの通り、取締役は株主によって一定期間任命される「株主の代理人」です。ちなみに執行役員は社内の役職名なので、全く違う「従業員」扱いです。社長が大抵務める代表を含む取締役全般は社員ではなく、選任されると1年とか2年の役員契約を結び、この契約は通常、株主総会での再任決議をもって再契約が可能です。取締役候補は役員会で、指名委員会がある場合は同委員会で選び、株主投票で認めてもらうわけです。

「取締役は有限で、株主価値を損ねると、株主総会で否認される、あるいは解任されるケースすらある」という事実を、欧米系外国企業の取締役は、大企業であればあるほど、緊張感を持って受け止めています。一方で、日本企業の取締役は、外国のファンドを中心とした「物言う株主」から配当金や内部留保金に関するシビアな還元要求を突きつけられるようなケースを除けば、思ったほど「株主価値」を意識していないようです。

外国企業では、執行役員と取締役の間には大きな壁があり、それを越えるか越えられないかがプロパー社員における一大イベント。また取締役以上のポジションは、外部からプロの経営者を招聘する場合も多々あるので、この壁はいっそう高いものとなります。取締役はプロの経営者として契約を結ぶわけですから、株主の満足できる結果や見通しが求められます。これが資本主義における株式会社の運用構造です。お役御免となるリスクと常にたたかいながらの経営ですから、緊張感のレベルが違います。利益が足らなくて自分が解任されるくらいなら、率先して人員削減に取り組むでしょうし、株主やアナリストが納得できる将来の見通しや目標の説明努力も当然です。それが経営者としての義務ですから、おのずから「経営者生命をかけるくらいの緊張感と迫力」で将来の事業展開計画や利益目標へのコミットメントを出します。

一方、日本企業のキャリアデベロップメントで過去に最も多かったパターンは、平社員で入社し、課長、部長、本部長と昇進し、執行役員（ここまでは法的には「一般従業員」扱いです）を経て、晴れて取締役というコース。タイトルでは、常務や専務を経て晴れて社長を目指す。このキャリアは一直線上での「出世の王道」です。そのため、取締役になって、「経営層に上がれた喜び」は感じても、「その責任の重さに震え上がる」人は少ないと思います。その裏には、「社内規定での役員定年まではいられるだろう」という妙な安心感が存在するのではと思います。

余談ながら、もしあなたが外国企業での取締役というポジションを、部長職の延長くらいと考えているのなら、取締役にはならないほうが得策です。執行役員までは法律で雇用がガッチリ守られた「従業員」扱いなので、契約書一枚で簡単に失職する取締役に比べればはるかに安全です。また「自分は社長のおかげで取締役になれた」と思うのも間違いです。「株主に選ばれた」なのです。

■日本企業で薄れる「社会的価値」と「従業員価値」

せっかくなので、他の「価値」についても少しだけ考えてみます。「顧客価値」は企業の誰もが挙げる普遍的価値なので省略するとして、残り2つの「社会」と「従業員」を中心に少し考えてみましょう。

日本企業は伝統的に、この「社会」と「従業員」の2つはかなり重視してきたと思います。「年功序列」「生涯雇用」などはその典型的な例でしょうし、地方で工場展開する企業は常に地域社会と密接につながっていました。

ただ、この日本企業における「社会的価値」と「従業員価値」重視の伝統も、最近の実態を見れば、薄っぺらになっている気がします。社会を重視しているようで実は公器としての自覚が薄く、利益の社会還元には鈍感。また「雇用を守る」「デフレだから」と言って、賃金の上昇を長年抑え続けてきたので、国内消費も一向に伸びずインバウンド消費頼みです。国内での設備投資は抑え、儲けもせっせと内部に留保し、経営戦略も手詰まりなので、慣れないM&Aに手を出して、損失を出す。このような日本企業の実態を外国企業から見た場合は、やはり中途半端な存在に映るのではないでしょうか。

それに対して、「会社は株主がお金を出して（株）、儲けたお金を分け合う（配当）のためのもの」「取締役は株主に代わり儲かるように経営を監視」「CEOなどのオフィサーは、儲けるための仕掛けをする人」といった株主資本主義の原点に忠実な存在が外国企業であり、その一端を担うものが外資系日本法人なのです。

確かに、外国企業、特に利益の株主還元絶対のアングロサクソン型資本主義で突っ走ってきた企業も、最近はその揺り戻しで「従業員価値」や「社会的価値」を見直す傾向にあります。アップルやアマゾンなどアメリカの大企業が名を連ねる「ビジネスラウンドテーブル」でも従業員、サプライヤー、地域社会といった価値に言及する動きもあり、行きすぎた資本主義に対するアンチテーゼとして歓迎される状況です。またそれ以外にも、温室効果ガスの大幅削減によるカーボンニュートラル宣言が、すでに世界の120か国以上で公式に出されている今日、たとえ「株主価値」を標榜していても、地球環境や安全で持続可能な社会を実現することへのコミットメントは必要です。

とは言えこの傾向も、もともとの動機が、機関投資家やファンドなどの大株主や、欧州を中心とする金融機関の要求に端を発するとすれば、結局は「株主価値」の尊重、「株主の望むことを実現する」ことに他なりません。地球温暖化問題に関しても、「言われたからやる」ではなく、「自らのリーダーシップでコミットする」姿勢を株主も含む社会全体が求めていると思います。

マトリクス組織の苦労話

■「2つのレポーティングライン」が悩みの種に

序章でコングロマリットの話をしましたが、このタイプのような事業の数が多い組織によく見られる形態がマトリクス組織です。テキスタイルの布を織る縦糸と横糸の関係を想像してみてください。縦糸と横糸が絡み合って布（会社組織）を作り上げます。具体的に言えば、縦軸がさまざまな異なる事業を運営する事業部や社内カンパニー。横軸がそれぞれの事業で共通するもの、すなわち財務経理や人事、広報などのサポート機能に加えて米国、アジア、欧州などの地域や特定の国となります。図3に部門の機能を中心に構成する機能型組織との対比を載せたので、見てみてください。

日本人から見るとこの組織、結構厄介です。理解しがたい、あるいは理解できても受け入れにくいのです。たとえば日本法人の社長。地域の責任者なので横軸ですよね。レポーティングライン（管理元）は本社の社長や担当役員となります。ではこの社長が、日本における特定の事業部での人事に介入したとします。話し相手は誰でしょうか？　答えは本国の事業部です。これで日本の社長は、本国において「本社役員」

［図3］

グローバルな組織での海外法人管理

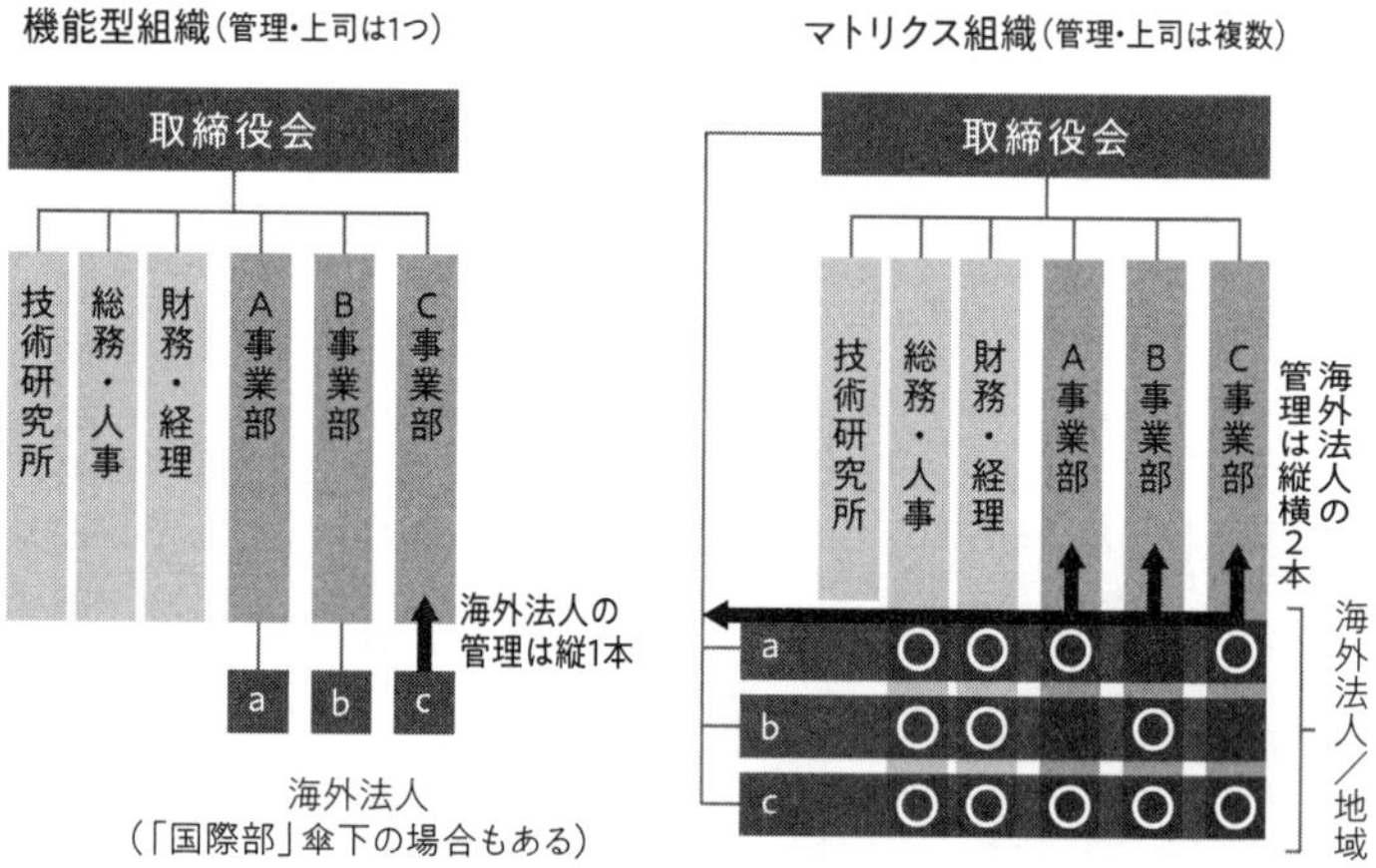

（自分の上司）「事業部」（ビジネスの主幹）という2つのレポーティングラインを持ったことになります。

　また、かなりのケースで横軸と縦軸の利害は異なるので、2つの部門相手にさまざまな調整を強いられることになります。どちらを立てるか？　どう調整するか？　どちらを味方につけてどちらを敵に回すか？　結局は本国の2つの部門の間での調整業務で忙殺されることとなります。

　あるいはあなたが日本の事業部に所属した場合、日本の中でのレポーティングラインである日本法人の社長と、事業上のラインである本国の上司と、管理元を2人持つことになります。レポーティングラインというのは人事査定権も意味するので、この「2つのレポーティングライン」は、上下関係の曖昧さを嫌う日本人にとっては、面倒極まりない悩みの種となります。なんとなく、同居している嫁と姑の間での、利害の対立で苦悩する亭主を想像させるのですが、ポジションによって縦か横かどちらか一方が他方より強いことが普通なので、その見極めをし、自分の調整能力のトレーニングと考えて、事に当たるのが適切でしょう。

自分自身、マトリクス組織で働いていたので、縦横でどれくらいの部署とやりとりしていたのかと思い出してみると、時期で異なるのですが、平均で縦の事業部系は20部門程度、横の本社機能は10部門程度だったかと思います。もちろん、それぞれの部所には階層があるので、メールの相手が各部署で数名だったとしても、合計では多分100人は超えていたと思います。

そこで一番困ったことはと言えば、やはり前述の縦横での調整です。予算の数字や日本での販売戦略、広報、人事など、事業部を立てれば本社に文句を言われる。その逆も然りといった状況はよくありました。「それってそっち側の問題でしょ」と利害の対立する本社の部門を宛先やCcに振り分けてやりとりをするのですが、こちら宛のメールで対立する複数の部門がそれぞれ自己主張をしだすと、「あなたたちで直接やって、こっちを巻き込まないでよ」とぼやきたくなります。彼ら・彼女らも実は直接喧嘩をしたくはなく、「日本がOKしているんだから」と言うために、それぞれこちらの同意が欲しいわけで、めちゃくちゃ政治的な駆け引きとなります。こちらは最終的には、日本が得をするほうの意見（当然）と相手の社内政治力（見誤って無下にすると地雷を踏む）、そして自分の人脈でどこまで押さえがきくか（伝家の宝刀）の掛け算で対応を判断するのですが、まあ、一筋縄ではいかないケースも多々ありました。

このマトリクス組織。1990年代に日本でも「新しい経営手法、マトリクス経営」などと、ビジネス誌などによく掲載されていた時代がありました。私事を正直に告白すれば、当時はコンサルタントとして何度か、新しい経営手法だと紹介し、その片棒をかついでいました。

マトリクス組織はその後、そのコミュニケーション、意思決定、管理での複雑さと、時間と費用の無駄により、より単純化の方向に向かうのですが、未だに残ってはいますし、回り回ってまた流行るかもしれません。その時に「上下関係の曖昧さを嫌う」我々日本人が「2人の上司」を持って上手くやれるかどうかは、我々の文化がどう変わっているか、あるいは従業員が持つ個人の文化にかかっている気がします。

冒頭で述べたように、相当大きなグローバル企業にしか見られない組織形態ですが、その特色は知っておいて損はないでしょう。

利益絶対主義がゆえの苦労話

■「リーンな組織」の真実

外資系の日本法人でマネジメントをしていると十中八九遭遇するのが、組織のリーン化、いわゆる経費と人員の削減です。現地法人が成長していようがなんだろうが、こちらの事情も鑑みず、機械的に容赦なく来る目標には正直何度も嫌な思いをしました。

事業責任者の時は、「薔薇色の未来で説得」「他部門へのシフトで帳尻を合わせる」などいろいろ手を尽くしてなんとか回避していましたが、一段上の全社を見る社長の立場になってしまうと法人経営がメインとなるので、本社事業部との人間関係も若干薄れ、交渉が難しくなる局面が多々ありました。本社からの駐在員はこの場合、本社方針には忠実で（もともと出向で来ているのですから、当然の感覚です）、まず味方にはなってくれないので、経費はともかく人員削減を回避あるいは最小限にとどめる努力をしていたものです。

ご存じの通り、「会社都合での従業員解雇」は日本ではほぼ不可能です。事業閉鎖レベルの「どうしようもない状況」でない限りはまず無理です。可能なことは「自主退職を募ること」。つまり退職金を割り増しした「早期退職制度」や「期間限定での退職者募集」です。テクニカルな面はさておき、従業員削減を可能な限り避けようとした背景には、日本市場と自社の特性がありました。

従業員を雇用して、組織に馴染んでもらい、社内用語や製品も覚えてもらい、やっとお客さんの前に出せる。この辺りは日本企業も外資系も同じですが、外資系日本法人の場合は、「極端に削った組織」と「市場対応にかけるマンパワー不足」という固有の課題が常にあります。とにかく外資系法人の組織は〝筋肉質〟で、従業員が1人いなくなるだけで運営に支障が出ることも多々あるのです。

ちなみに、前職の企業は、グローバルで従業員が38万人以上いたにもかかわらず、世界共通の人事システムで末端の従業員1人1人まで掌握していました。そのため、社員数にごまかしは全くきかず、本社の採用許可前に社員を1人とっただけでも担当部門から「なんでだ？　説明しろ」とメールが速攻で届きます。こんなギリギリでの人員管理をしているのですから、人材に余裕などありません（これをかっこよく呼ぶと

「リーンな組織」となります）。

「手がかかる」日本市場ゆえの苦労も

ところがその一方で、日本市場は「手がかかる市場」なのです。本社の言い分で書けば、必要以上に人と手間と時間をかけないと数字が上がらない「面倒な市場」になります。

なぜ日本市場が「手がかかる」のかといえば（あくまでも他市場との比較の話で、我々にとっては普通なのですが）、まず顧客との関係構築があります。日本のお客さんの場合、足繁く通い、関係を組織階層ごとに構築し、信頼されるようになって初めて、本格的なビジネスの話が始まります。またそのビジネスの話も、まずは小さな取引で確認をして（ここは前例主義で、なんでもいいから実績を見せる必要があります）、問題がなければ最後にやっと本格的な取引、といったステップを踏むのが普通です。まさに開墾、田植え、育成、稲刈り、といったステップを1つ1つ地道にこなしていくプロセスが必要ですし、関係の構築は、「信頼に足りる村の一員」として認めてもらうための最低限の入場券です。

これらのプロセスをこなし、やっと製品の話をするのですが、狩猟民族系の本社からすれば「何をトロトロやっているんだ！」となります。人もかけ、時間もかけ、やっと小さなプロジェクト1つ。実はその後に大きな取引の可能性があるのですが、本社の忍耐もそろそろ限界です。

加えて、品質などへの顧客要求も非常に高く、これも本社からすれば、「手間がかかる」要因の1つとなります。高い品質要求を出すことは何も間違いではないのですが、「あのデータを出せ」「この情報を提出しろ」と、とても細かい要求を受けることもありますし、時には「なんでそこまで聞くの？」と思うようなこともあります。「お客様は神様」な日本ですから、我々現地法人は必死に対応しようとするのですが、データや情報が本社しかわからないものである場合は、お客さんと面倒がる本社の板挟みになって、サンドバッグ状態となります。

また日本独特の技術規格や法律も、時として「見えない参入障壁」として立ちはだかります。「これじゃ日本で売れないから、仕様変更してくれ」と本社に要求すれば、最初の返事は大体「やってもいいけど何台売ってくれるんだ？　顧客のコミットメントを文書でもらえ」あたりです。

かくして、日本のビジネスは「面倒」で「効率が悪い」となり、他の国の基準で計算した標準人員数でのオペレーションを飲まざるを得ない状況になります。加えて、本社が株主やアナリストに約束した期末の利益額や組織のスリム化は絶対ですから、そこに協力しない現地法人はほとんど犯罪者です。結果、経費と人員削減による利益の上乗せをして事業年度を乗り切ります。

■なぜ、リストラの後に大量採用を？

さて、さまざまな手を尽くして事業年度を乗り切り、翌年となりました。そこで不思議なことが起こることが多々あります。前年度おこなったリストラが功を奏して利益体質も定着。またビジネスも上り調子となりつつある。そこで出てくる話は「人が足らないから、事業拡大のために採用しよう」です。

本社の理論からすれば、「まずはリーンな組織で利益体質強化。その後事業拡大で成長戦略に乗る」という流れなので、一応理屈は通っていますが、現場（現地法人）からすれば、「今さらまた人を採用するのなら、なぜ削減した人材を残させてくれなかったのか？」と言いたくなります。でも、この世に「会計年度」というものが存在する限り、年度末に「決算」がある限り、この意見は「本社に楯突く意見」であり、単なるぼやきにしかなりません。

加えて本社の経営陣が交代した時などにもリスクは高まります。新しい経営陣は決まって「前任者否定」と「新戦略のお披露目」のパッケージを用意しますから、こういった一連のドラマは、経営陣交代のたびに起こる定期イベントの様相すら帯びてきます。

会社の目的は利益をあげること。「株主価値」を大きく考える欧米系の外国企業、あるいは株主への利益還元が少なければ自分自身の首が危ない欧米の経営者からすれば当然の理論ですが、それを実践する場所が、従業員の雇用と雇用を通じた地域社会への貢献を大きな価値と考える日本となった場合は、現場のマネージャーの苦労話の1つとなるのです。

■あのドイツで、大幅な人員削減が可能なわけ

といっても、私の前職企業の本国ドイツでは、日本で言うリストラは日本と同様、あるいはそれ以上に困難です。

ドイツの場合、労働者代表（組合）は企業経営の最高機関にあたる監査役会に参加可能であり、日本の組合よりは少し立場が強く、従業員の雇用は日本と同様に法律で固く守られています。それゆえに、廃業などの明確な理由以外の従業員解雇はほぼ不可能。できることは、たとえば1年分の収入を上乗せするといった「早期退職者の募

集」と「組合との事前交渉」で、日本と同じです。

それでもなぜ大幅な人員削減が可能かと言えば、やはり従業員側の意識に「会社は収入を得るところ」「まずは自分の幸福」といった個人主義の感覚が反映されている部分が大きいと思います。落ち目な事業に関わって辛い思いをするよりは、早期退職でお金を十分もらったうえで、次の職探しをするほうが精神衛生上良いという、日本企業から見ればある意味ドライな感覚があると思います。

同様にM&Aや分社化があります。不採算事業、ノンコア事業の切り出し（carve out）は、グローバルなコングロマリットでは常套的におこなわれていますが、その低い利益率や薄い他事業とのシナジー効果が理由で、本社からリソース（資金や人材）が回ってこないことほど不幸な事業環境はないでしょう。また従業員も会社の先が見えないと、大きな不安にかられます。

そのような場合には、肩身の狭い思いをして社内や企業グループに留まるよりは、身軽になって他企業やファンドの傘下に入る、あるいは別に上場して自ら資金調達するほうが、経営者や従業員がより幸せになれるケースも大いにあり得ます。よほど親会社のブランドに思い入れがあれば別ですが、現実的な幸せを求めれば納得がいく1つの判断なのです。

外資系企業ではCEOもプレイングマネージャー

■日本企業での人生は「階段を一歩ずつ」

「外資系企業は実力で渡り歩く世界」「日本企業は忍耐で長く勤める世界」。少々ステレオタイプですが、外れてはいないと思います。

日本における外資系企業でも、新卒の学生を採用して育てようとする意識はあるのですが、主力は「即戦力」の中途採用者が中心です。日本IBMや日本コカ・コーラのように、長年日本に定着している企業ならいざ知らず、外国人が本社から派遣されて社長になることを繰り返しているような日本法人の場合は、「会社は自分のキャリアを磨くためのプラットフォーム」と、ある程度割り切って考えたほうが無難です。

外資系に向いている人は「なんでも自分の責任でこなせるプロフェッショナル意識」を持った人だと思いますし、逆に「寄らば大樹の陰」的に勤めるには、外資系日本法人はあまりにも組織がリーンです。

一方で、最近はその差が縮まりつつあるとはいえ、伝統的な日本企業に目を向けてみると、別の世界が見えてきます。私も最初の就職先は日系メーカーだったのですが、もしそのまま勤めていれば次のような人生を歩んでいたと思います（あくまでもプロセスの話で、実際にそうなれたかは別です）。

新卒で入社する…20代。新入社員研修後いくつかの部署を経験。社内人脈も徐々に作る。社風や企業文化に染まる。［個人的には、この後海外に10年出されたので、全く違う人生となりました］

初めて管理職となる…30代。係長を経て課長。場合によりアシスタントが付き、資料作成やコピーは部下がやってくれる。社内会議が増え出す。

中級管理職に昇進…40代。部長や次長になり管理職が板につく。ますます実務は「部下任せ」になり、社内会議がますます増える。

上級管理職に昇進…50代前半。本部長や執行役員になる。事業責任者としての自覚が出てくる。会社の経営層との交流が拡大するが実務からは距離が。［実力と人脈がなければ、私もこの辺りで子会社に出されていたかも］

取締役に抜擢…50代後半。「従業員」としてはいったん退職し、取締役の契約を結ぶ。場合により執行役員兼任で特定分野を担当。実務の状況掌握は報告書で。［社有車や個室をもらい、会社員人生のゴールを意識し出す。結構ここで終わるケースも多いので、私もそうなったかも」

社長に選任される…50代後半〜60代前半。取締役会での選任、株主総会での承認を経て、代表取締役社長。役員会を仕切るようになる。決裁と対外的な仕事中心。

会長となる…60代後半。ピラミッドの最上階だが、実質は渉外など対外業務中心。実務ラインからは外れる。多くはフェードアウトポジション。

相談役や顧問となる…60代後半〜70代。よくわからないポジションだが、社内への大きな貢献や経済界とのつながりで、このタイトルがつく人も多数。

どうです？　長い人生ですね。大抜擢ができる社風でない限りは出世の階段も一段ずつなので、自分の実力に自信のある人には結構な忍耐が必要かもしれません。とはいえ、執行役員までは「従業員扱い」なので、クビのリスクもほぼなく悪い人生ではないと思います。外資で毎日のように「切った張った」をしていると、隣の芝生がとても美しく見える時があるのです（笑）。

■「いつまで実務に関われるか？」という視点で見ると

長々と日本企業での出世街道を描いたのには理由があります。それは皆さんと一緒に、「いつまで実務に関われるか？　プレイングマネージャーとしていられるか？」を考えてみたかったからです。

外資系の場合、大きなプロジェクトや重要顧客のビジネスなら、取締役以上でも適時報告を受けているし、重要な交渉には直接出ます。また彼ら・彼女らのビジネスへの関心も高いです。私もいくつかの大型のプロジェクトに関して事業担当取締役から「進捗はどう？」と、突然スマホメールをもらったことが何度もありました。また競合の米国系企業は、CEOが毎年日本に来て、積極的に顧客訪問をおこなっていました。その目的はもちろん、単なる表敬訪問ではなく、具体的なビジネスを進めるためのものでした。正にトップセールス。「売ってなんぼ」の世界です。彼ら・彼女らの頭の中には、現在進行中の重要なプロジェクトは、数字も状況も訪日前にインプットされており、本人たちの関心も実に高いと感じたものです（もっとも事前資料を作らされるのは我々現場でしたが）。上のほうの人だからとタカを括っていると、時々とんでもなく具体的な実務の質問が出てきて、数字が即答できずにタジタジとなったことも少なくありません。

自分自身も営業や顧客への前線に立ちたいほうなので、このプレイングマネージャーとしての姿勢はとても参考になりました。また、そのフランクなコミュニケーションから、組織における距離は近いと感じたものです。

これに対する日本企業の印象は、部長あたりからだんだんと実務職への実感が薄れ始めて、上級管理職以上になると会議や調整などの社内業務に忙殺されるイメージです。「会議のための会議」という冗談があるほど、日本企業は会議による情報共有や暗黙知の強化に熱心だと感じます。

もちろん欧米系の外国企業でも会議は多々あり、マネジメント層はそれに忙殺されることも多いですが、そのほとんどは「意思決定のため」です。共有すべき情報は、メールやメール添付の資料、最悪でもウェブ会議で十分ですし、メールを受けたほうも疑問や質問があればメールを送ってきます。また「業務を責任を持って監督する人」と「業務を実行する人」の区分が明確で、「決める人」と「実行する人」の間での役割分担はジョブディスクリプションで規定されているので、意思決定と実行にスピードがあります。私自身もある入札案件で、価格の決裁権限を持っている本社の上級管理職と夜中の携帯電話の会話だけで数十億円の価格を決めたことがありました（もちろん公式の決裁は後日取りましたが）。

まとめるなら、外国企業の上級管理職や取締役は、日本企業ほど社内調整会議等に時間をかけずに、より具体的な事業にコミットする割合が高いと思います。特に取締役一歩手前の上級管理職レベルでは間違いなくそうでしょう。

■「上」が実務をしないのは日本の伝統か

本項は主に外国企業と日本企業の比較で書きましたが、その優劣を話したかったわけではありません。少し話がそれますが、本項を執筆中に丁度、故司馬遼太郎氏の『この国のかたち』という本を読んでいました。日本の成り立ちを、とても鋭い観察眼と幅広い知識で思考している名著ですが、「上に立つ者」に関して非常に面白いことが書いてありました。

気になった点だけを書くと、日本は平安時代以来、「君臨すれど統治せず」の伝統が君主において続いていたというのです。江戸時代の君主（大名や徳川将軍）でも、ほとんどが「君臨はするが実際の政治執行は部下」であったということです。特に明治維新の片翼となった長州藩ではそれが不文律であったそうです。幕末の藩主毛利敬親《たかちか》は若い頃は藩の財政を大改革して生まれ変わらせた非凡な人でしたが、なぜかその後は「我統治せず」の姿勢を貫き「そうせい候」と呼ばれました。まれに薩摩の島津斉彬《なりあきら》のような英雄的な執行者もいましたが、彼の場合はそれが災いしてか、在任わずか7年で退任（急死。毒殺説もあります）しています。

かくして明治維新で国の統治が大きく変わった後も、藩主や将軍に代わる「君主」としての天皇は、政治上の責任を持たず、政治の執行責任と権限は首相以下の各大臣に分掌させていました。この伝統的な君主の立ち位置は、それを初めて規定した明治憲法以降、脈々と現代まで受け継がれています。これは、日本の幕末の少し前に、全ての権力を握り、自ら考え実行し、最後には300の分裂国家を統一してドイツ帝国を成立させたウィルヘルム1世と対照的です。殿上人のように超然と存在し、執行は部下に任せて会社の精神的支柱であろうとする日本の社長のスタイルは、案外歴史的な伝統だったのかもしれません。

第3章

外資系企業の組織と人事

組織特性と異動への壁

■各部門の特徴

今まで外国企業の根本的な違いや経営手法について語ってきましたが、ここではその組織の中身について考えてみましょう。大なり小なり日本企業にも当てはまるものですが、外国企業の製造業に携わってきた私の各部門への印象は次の通りです。

●**営業部門**　攻めて売るのが仕事。アグレッシブでリスクへの寛容度が高い。

●**財務経理部門**　会社の血液に当たるお金を扱っているので慎重。ミスを最大限回避しようとする。

●**企画部門**　ユニークさと独創性で日々悩んでいる。異なる価値観に重きを置きがち。

●**設計部門**　コツコツ技術を積み上げるのがミッション。飛躍的な発想より与えられた命題をこなそうとする。

●**製造部門**　品質管理が絶対で積み上げてきたノウハウに自信。徒弟制度的なコンサバ組織。

社内組織は、「身内」であって「顧客」ではありません。しかし、社内で調整や交渉をすることは多々あることなので、「まずは社内の敵を知る」ことも重要です。部門間の対立の原因は、その異なる目的を背景とする文化的な違いから来るものが多いので、「相手がなぜそう考えるのか？」「なぜそう言うのか？」の背景を考えるくらいの感度は持ちたいものです。

また外国企業は「ポジション特性に合わせて人を当てはめる」傾向が強いので、ジェネラリストにいろいろやらせる日本企業に比べると、部門間異動を阻む壁は格段に高くなります。

部門間異動の壁の最たるものは、コングロマリットにおける事業部（あるいは社内カンパニー、以下同）の存在です。コングロマリットは異なる事業の集合体なので、ある特定の事業部に所属されると最後までその事業部に勤めることも珍しくありません。その意味では、事業部が独立した企業のようなもので、また各事業部も担当する業界の影響を受けて、異なる文化を持つことが多々あります。

たとえば、私のいた会社では、発電事業は引き合いから完了まで3年や5年といった長期プロジェクトが中心でした。また製品単価も数億から数十億円といった高額品が多く、ハイリスク・ハイリターンでした。そのため、そこに関わる営業やマネジメントも長期視野と「リスクとチャンスは同じコインの表裏」「のるかそるか」的な感覚を持っていました。かたや製品単価が数万円程度で、それを大量に売り捌くファクトリーオートメーション部門は、短期的な受注と売上が中心だったので、当然異なる営業感覚やリスク感覚を持っており、どちらの事業部も、埋めきれない相手への文化的違和感があったと思います。加えるなら、博士号保持者が多く医者や病院を相手にする医療機器部門は極めて学術的で、どう考えても他部門から転部できそうな組織文化ではありませんでした。

■バックオフィスは転職しやすい

ただ、部門間異動の壁が低い例外もあります。それは会社経営やバックオフィス部門です。経営者の仕事は「人を使う」こと。「人に仕事をやらせる」「適切な指標で経営をモニタリングする」「リーダーシップで社内を引っ張る」といったことが専門となる経営は、企業や事業部の壁を越えた共通のものです。それに加えて、経営戦略やM&Aといった、経営の中枢につながる能力があれば、壁を越えられる確率はさらに高くなります。これと同様に、財務経理、法務、広報、人事といったいわゆるバックオフィス（あるいは本社機能）部門も、事業や業界特性を超えた存在。どの会社でも1円は1円だし、業界が違っても人間は人間です。そのため、これらの職種も部門間の異動性が高いと言えるでしょう。

組織の中の「正しいボタン」とその押し方

■「押すボタンの数と場所」をどれだけ持てるか？

企業の中で業務をおこなう、あるいは他企業と付き合う、交渉する、提携する等、いずれの場合でも、「組織の特性」「意思決定上の押さえどころ」「キーパーソン」を知っておいて損はありません。

外資系日本法人に勤めていて、本社にサポートを依頼する時、あるいは他社と提携や合弁などの交渉をする時、私はよく「押すボタンがわかっているか？」と聞いていました。相手組織とのパイプ、そこでのネットワークを持つことは基本中の基本ですが、相手の組織が大きい場合は特に、相手の決裁権限や社内影響力で、こちらがかける時間も努力も異なってきます。

私も「押すボタン」を間違えて、いつまで経っても話が進まない経験を過去にしました。担当者と話していてもラチがあかない、かといって上に持っていくには実務すぎる、そもそも相手部署が話を扱うのに不適切、などなど「間違ったボタンを押す」のリスクはどこにでもあります。日本企業に比べて個人主義が強い外国企業の場合は、業務を組織ではなく個人でおこなう傾向が特に強いので、このボタン（キーパーソン）を見つけて知り合いになることは重要です。


外資系の日本法人の実態でいえば、国内では立派な法人であっても、グローバルの組織から見れば、本国に本社を持つ「支店」であり、相当数が工場や研究所を日本に持たない「販売会社」です。結果、社長は営業担当役員みたいなもので、販売会社の生命線である顧客と本社をつなぎ、いかに効率よく話を進めるかが経営の肝となります。本社との関係に限って話すと、「押すボタンの数と場所」でどれだけバリエーションを持てるかが勝負ですし、それが営業担当役員（社長）の実力です。

また外国企業の場合、このボタン（本社役員やスタッフのことです）がよくかわったり転職していなくなったりするので、ネットワークのメンテも重要になります。ボタンの数に関しては、「製品ごとの担当」「日本担当営業や窓口」「技術担当エンジニア」など相当数が存在するので、理想は対面、ダメならテレビ会議で「本社ツアー」を定期的におこない、関係構築に努める必要もあります。

人間何事もそうなのですが、「知らない他人からの頼み事」と「友人からの頼み事」を比較すると、どうしても前者のほうは業務的になりがちです。ましてや「ノー」と言うことに慣れた個人主義の人たちですから、「同じ会社の同僚」程度では動いてくれないこともしばしば。それに対して、「友人からの頼み事」はなかなか断りにくいものですので、「関係値の強さ=対応の差」と認識しておいたほうがいいでしょう。

あなたのポジションがなんであれ、1人で本社（あるいは交渉相手の外国企業）の担当者レベルから社長レベルまで、多階層的なコミュニケーションチャネルを持つことには限界があります。そのため、社長レベル、本部長レベル、部長レベル、担当者レベル、といった階層別に、こちら側も職責の異なるチーム構成員でそれぞれ、「相手と仲良くなる」機会を設けましょう。

また、何でも上にばかりあげる（外資系企業ではよく、「エスカレーション」という単語を使います）と、頼まれた先方もうんざりしてくるので、あくまでもテーマの重要性に応じて、エスカレーションをするレベルを判断することもマネジメントの仕事です。

私もよく部下から「本社の上と話してくれ」とエスカレーションを受けましたが、部下の性格と判断基準もまちまちなので、必ず「誰とどこまで交渉したか？」を確認して、本当に上にあげるべきかを判断していました。実際、自分でやるところまでやってみて、どうしようもないので上司に頼む人もいれば、自分が楽なのでろくに交渉せずホイホイ上にあげてくる部下もいました。後者については、担当者ベースの交渉がまだ途中なのに上にあげると、先方の担当者が「なんで俺に言わないんだ」とヘソを曲げるケースもあるので、ちゃんと話が煮詰まって、それでも進まない時にこそ、エスカレーションを実施すべきでしょう。「伝家の宝刀」は本当に必要な時だけ使うものです。

「組織のボタンとその押し方」は、相手がどのような組織構造かを考え、そこで次に押すべきボタン（キーパーソン）を複数見つけ、良好な関係を保つ。また万が一に備えて、階層別のコミュニケーションチャネルを確保しておく。テーマの重要度でどこにエスカレーションするか決める。これを顧客のみならず、本社に対してもおこなうことが、外資系日本法人で業務をおこなううえで不可欠です。

■前提としての「本社との人脈」

私が東日本大震災の後にドイツ本社から日本に赴任帰国して、エナジー事業の立ち上げをおこなった時に最も助かり、かつ苦労した部分は、本社との人脈でした。

日本に帰国前に本社ではさまざまな人と会っており、当時のアドレス帳を見てみるとそのネットワークは200名を超えていました。しかし、それでも足りませんでした。また200名以上といっても、一度会っただけの人も含まれ、そんな関係はなんの助けにもなりません。「あの時会った日本人だけど、覚えていますか?」とメールの冒頭に書いた時点で失格です。「オレオレ、元気?」と書けるくらいの関係がないと話になりません。また、日本市場は他の市場に比べて顧客との信頼関係構築にも時間がかかるし、競合もひしめく厄介な市場です。そのため「百聞は一見に如かず」と市場を見てもらい、顧客の話もじっくり聞かせたいところです。

ところが私のいた会社は、世界で200か国近くを相手に商売をしており、そうそう日本に来てくれるわけではありません。加えて相手は効率を重視するドイツ人のこと、ほぼゼロからの立ち上げだったので、売上がない、将来も見えない、顧客も知らない、ナイナイ尽くしの市場など、「これからこんなに伸ばす」と豪語したところで、なかなか振り向いてくれません。

それでもいろいろと手を尽くして来日させたら、こちらのものです。我々はしがない「販売会社」、本社は製品を供給してくれる「メーカーさん」。メーカーさんなしではやっていけないので、究極の「社内接待」が始まります。数字（受注と売上）さえあれば、本社の人間は「来るな」と言っても来たがります。ただ数字がない場合は、「また行きたい」と思わせる日本の思い出を作るしかありません。ですから、まずは軽く日本食で一杯やり、２次会は外国人が好みそうなバーか相手がＶＩＰならクラブ、気がつけば夜中までカラオケをやっている始末です。

今思えば、よく体力とお金が続いたなと思いますが（２次会以降は個人持ちが普通でした）、人間の関係値は「経験の深さ×時間の長さ」。後者が待ったなしとすれば前者を濃くするしかありませんでした。３年目くらいからは数字も見えてきたので、せいぜい１次会止まりとしましたが、集中して特別なコミュニケーションを取り、時間を買うことの大切さを学んだ気がします。

ダイバーシティにどう対応するか？

■外資系企業は愛すべき「サファリパーク」

外資系企業の特色と魅力の1つにダイバーシティ（多様性）があります。

当たり前ですが、そもそも本社が海外にある外国企業。グローバルで考えれば、当然の結果「社内に外国人社員がいる」のではなく、「日本人社員もいる」状態なのですから、当然の結果です。です。また、いろいろな人種の人間が働いているので、たとえ同じ人種同士でも、日本企業ほど同一性は求めません。

さて、前章でも書きましたが、私の好きな言葉に「ウチの組織はサファリパーク」というものがありました。「サファリ」でもよかったのですが、混沌としている中にも一応そこに、社則というルールと事務所という囲いは存在するので、「パーク」をつけました。

イメージとしては、ライオンが昼寝をしている向こうで、ハイエナがちょこまか歩いている。水浴びするゾウの横でワニがカバと睨み合い。キリンもいればサイもシマウマも歩いている。肉食動物と草食動物の同居。要するに「なんでもあり」なのですが、社員の個性の多様性のポジティブなたとえとして使っていました（動物にたとえられた社員の方々、本当にゴメンナサイ。パワハラではありません）。

冗談だけではなく、本当に愛情を込めて使っていたこの「サファリパーク」は、過去に3つの組織で使いました。

一度目はビジネスコンサルタント時代。中途採用が中心の組織で国際コンサル部門のヘッドをしていましたが、親会社はお堅い金融系なのに「会社にはTシャツとビーチサンダルでは来ないでください」と真剣に議論していた愛すべき社風でした。社員が年収を選べ、粗利を会社と社員が山分けするというユニークなルールを持っていた会社なので、その多様性たるや推して知るべし。研究者肌のリサーチ部門も同居しており、個性という意味では正にサファリパークでした。さすがに夜のエレベーターホールで、タオルとシャンプーの入った風呂桶を持ったあるマネージャーを見た時は少々引いて、コンサル部門のマトモさ（?）を認識したものです。

今思えば、あまりにも自由すぎて、2代目社長が「自由と自己責任」という言葉で、自己責任をあまり考えない社員の自由にタガをはめたのは正解でした。とはいえ、この多様性が組織の活力になっていたことは間違いありません。

また二度目と三度目は、前職で勤めたドイツ系企業の子会社と親会社の日本法人ですが、こちらはさすがに秩序ある組織。でもやはりサファリパークではありました。人種の多様性という意味では当然抜群で、日本法人でも10か国程度の人種の多様性はあったと思います。日本人に関しても、新卒は採用しているものの、やはり中途採用の即戦力中心だったので、以前の職場の雰囲気を引きずっている人も多く、これも多様性に色を添えていました。外資系企業に来る人には、良い意味で山っ気があったり、日本企業の枠になんとなくハマれない人も多く（私もその1人でした）、そういう人材を積極的に採用したこともあって、実に多様な人がいたと思います。

サファリパークのマネジメントは、その文化や行動様式の多様性ゆえにまとめる時の悩みも多いですが、逆にいろいろな社員がいて楽しいものです。また多様性に対するマネジメントスキルを磨くうえでの学びの場にもなります。

たとえば日本人で大人しいバックオフィス系の人がいましたが、自己主張はしないタイプだったので、こちらがカウンセリング的にやりたいことや将来のことを聞き出してあげる感じでした。でないと、大人しいシマウマは隣で吠えまくっているライオンに食べられちゃいますから。大体バックオフィス系の部署はコンサバで大人しい草食系。攻撃的な経理部なんて聞いたことないですし。

逆にアグレッシブな営業などは完全肉食系。いつも吠えまくっています。企画部門は類人猿系とでも言いましょうか。またそれらの動物群でも、草食系で大人しいがタフネゴシエーターな経理部長はサイ。普段はのんびりしているが突然攻撃的になる人事部長はカバなど、さまざまな種類の動物がいます。優雅にお昼を食べている社長秘書は白鳥でしょうか？

キリがないので、後は皆さんで考えてください。こういった組織のマネジメントは、サーカスの猛獣使いのようでとてもエキサイティングです。

■ポジティブな意味で「コウモリ」になる

こんな多様性の高い環境で生き抜くには、イソップ物語のコウモリ的な動きも「文化的調整役」として必要になると書きました。

イソップ物語のコウモリは、「ある時は動物、ある時は鳥」と自称して、結局は動物からも鳥からも仲間外れにされた話で、「どっち付かずに適当にやっていると泣きを見る」的な寓話ですが、ここでは「考え方や行動を状況に合わせてフレキシブルに取る」という、ポジティブな話に取りたいと思います。

複数の異なる文化、たとえば動物や鳥とコミュニケーションを取る場合、メンタリティーが異なるわけなので当然、柔軟な思考と頭の切り替えが必要です。もしそれをしないで、片一方の価値観のみでコミュニケートすると、必ず他方でコンフリクト（対立）を起こすことでしょう。サーカスの猛獣使いのケースで言えば、さまざまな動物を扱ううえで「相手の行動パターンや思考特性をよく知り、最も適切な指導をおこなう」となるのです。

多様性の高い組織では、「1つだけに固まったスタイル」ではマネジメントが困難になる場合があります。もちろんしっかりとした自分のマネジメントスタイルは持つべきですが、それを相手に実行する時には、相手の受け止め方や理解を考えながら、最も効果的なコミュニケーションスタイルを取るべきではないでしょうか。

このダイバーシティ、人の個性もさることながら、世代間でも大きな隔たりがあると思います。昭和のマネジメントスタイルに慣れた人がこれを読めば、「従業員は一枚岩どころかバラバラだし、それを束ねる手段も感謝されない。一体どうしろというのか？」と感じるかもしれません。

大丈夫です。どのような組織でも必ず「共通の価値観」が存在します。皆好き勝手をやっているようでも、「社風」や「会社の中期目標」「会社の将来像」「経営者の哲学」などは、自分の待遇や人生に関わってくるので、大いに関心があります。それらは全者共通の価値なので、地域や社員、世代の多様性を超えて伝えられるものです。

変化が必要なのは、「伝え方」の部分です。パソコンソフトにたとえるならコアとなる目標や哲学はウィンドウズなどのOSにあたり、それを実施する時に変化させなければならない部分は、エクセルやパワーポイントのアプリケーションに該当します。ここで言いたいことは、譲れないコアの部分はいつでも同じでいいが、実行する時は、相手の異なる性格、文化を理解して「アプリケーションの部分はフレキシブルに」です。

■本社所在国による女性の活躍度の違い

ちなみにダイバーシティというと、女性の活躍という点でも十分多様性がある外国企業とその現地法人ですが、そこは本社所在国で、少々差があるようです。たとえば女性の管理職比率を本社所在国レベルで見てみると、世界平均は約27%。日本は13・2%で非常に低く、国別で見れば、調査対象の12か国の中で下から2番目の11位。上位を占めるのはアメリカ（2位）、そしてスウェーデン（3位）やノルウェー（4位）などの北欧諸国です。また、東南アジアの中でもフィリピン（1位）やシンガポール（7位）は女性の管理職比率が高くなっています（内閣府発表　2016年）。最下位が韓国で、下から2番目が日本というのは、男性的文化の強い社会、権力格差が大きい社会、といったキーワードで考えれば納得がいく話です。

少々裏技っぽいですが、実力があって上昇志向の女性が外資系日本法人に転職する場合、案外こういった本社所在国のスコアが参考になるのではないでしょうか。

人脈と自己主張の重要性

■外資系企業では帰任後のポジションを自分で探す

本社から来た駐在員の帰任前の活動を見ていて参考になるのは、帰国後のポジションを探す本社での再就職活動が、徹底した個人主義ベースだということです。私は27歳から37歳まで、日本企業のドイツ法人に駐在していたのですが、その時の帰国の経験と比べると雲泥の差です。

すなわち、日本企業は組織的に動くので、関連部門（大抵は海外駐在前の出身部門）と人事部がいろいろと調整し、上司を経由して「あなたの帰国後の所属は○○となりました」と伝えるケースがほとんどです。話し合いの余地はありますが、原則は本社の決定を伝えて、それに従ってもらう方式ではないでしょうか。その時に新しい本社でのポジションを伝える上司も、話を聞くというよりも組織の決定を伝える態度だと思います。通常は大きなプロモーション（昇進）は期待できないが、安定的に次のポジションが約束されているはずです。農耕民族的ですよね。

それに対して、外国企業の駐在員は帰国予定の1年くらい前から「本社での再就職先」を探し始めます。ポジションや役割で自分に合いそうなものを探したり、出世のステップアップ狙いでより高いポジションに応募したりと大忙し。行き先が見つからないリスクも存在します。逆に大化けできるチャンスもあります。正に狩猟民族のハンティングです。時に「良いポジションがなかったので、あと1年いることにした」と言い出して、こちらを慌てさせることもありますが、彼らは自分の持つ人脈と公募などの社内情報を最大限に駆使して再就職活動にあたります。

個人で動く本社帰任後の就職活動。ここで効いてくるのはやはり、人脈です。外国企業は人脈など関係ない実力主義と思っている人がよくいます。ある程度は正しいですが、それだけではありません。個人ベースのチームワーク（各人の役割が明確なサッカーチームを想像してください）で業務をおこなう外国企業ゆえに、個人のつながり（＝人脈）も非常に大切となります。この辺りの人脈は、当初から日本法人のマネジメント前提でヘッドハンティングされた人ならば、早急に作り上げる必要がありますし、自己主張して「自分をアピールする。印象付ける」必要性も出てきます。もちろん結果（業績）を出すことは基本中の基本なので、それ抜きには考えられませんが、とにかく「自分の存在価値」をグローバルな組織内で確立する必要性はあります。

そこで奥ゆかしい我々大和民族の性格が出てしまうと、会議での発言が少ない、提言をしない、積極性に欠ける（これは多分に誤解なのですが）といったイメージがあなたに付きます。相手には「察し」は期待できないので、相手の文化で評価してもらえるフィールドまで自ら上がる必要があるのです。

もちろん「俺・私は日本人だ。なぜ相手に合わせなきゃならないんだ」というのも立派な自己主張なので構いません。ただそれは「一生相撲しか取らないので、相撲の土俵で勝負する」と言っているのに等しく、ボクシングのリングで待っている相手との勝負にはなりません。そのような志向性の人は伝統的な日本企業に活躍の場を求めるべきで、少なくとも外資系企業向きではないでしょう。

発言の頻度で言えば、同じアジアパシフィック地域でもこの差は相当あります。今まで出たさまざまな国際会議からの観察統計でいえば、オーストラリア、中国、インドなどはよく話します。白人、中国人、インド系の人は、発言に積極的です。かたや日本人、韓国人は儒教文化の影響か、大人しい印象。日本人としては「そんなわかりきったことを言っても」と思えること（半ば負け惜しみですが）でも、自己主張の強いアジア人はガンガン発言します。我々大和民族も、少なくともそういう場では「積極的に発言する日本人」をアピールしなくてはなりません。これは「ノー」と言える勇気と同じことです。

■論理的な自己主張は好意的に捉えられる

業績に加えて人脈と自己主張。日本人的な「分をわきまえた良い人」にはなかなか高いハードルですが、英語で大勢の前で臆することなくとうとうと自己主張ができるか？　は重要なポイントではあります。

私も日本法人の社長になりたての頃に、本社の会議で本社役員や各国の社長を前に、本社決定を押し戻すスピーチをしたことがあります。内容は話せませんが、日本法人にとっては致命的な決定だったので、できるだけ論理的にしかし強固に主張しました。「あーこれでオレもクビかな？」と思っていたら、意外にも真面目に再検討してくれて決定は撤回されました。今思えば、その場で何も言わずに後で本社決定への陰口をじくじく言うことに比べればよほど健全でした。もともと自己主張を聞くことに慣れている人たちが相手だったので、こちらが思うほどネガティブには取られなかったようです。

ちなみに老婆心ながら、もしあなたの家族が典型的な日本文化を持った人たちの場合は、自己主張レベルを前項の「ダイバーシティ」で説明した「イソップ物語のコウモリ」理論に従い、頭の中の「文化のスイッチ」を会社（アングロサクソンやゲルマン系）と家庭（大和民族）で切り替えることをお勧めします。

なぜなら、強い自己主張や発言は会社では良くても、スタイルを変えずにそのままで「日本的な家庭」に入ると、家庭問題を起こします。「自分のことばかり話す嫌な亭主」とか「人の話を聞かない妻」、「言いたいことを言うばかりでロクに話を聞かない親」に成り下がるリスクが大です。なので、どうぞ気をつけて異文化マネジメントを実践してください。考えすぎ？　いえいえ、自分の家庭で正に経験したことなので、自信を持って言えます。

外資系企業の表と裏のネットワーク

■本社から出向してきている課長と日本法人の部長はどちらがエライ？

皆さんに１つ質問です。場所は外国企業の日本法人。日本採用の日本人部長と本社から出向している外国人マネージャー（課長級）がいたとしたら、どちらがエライでしょうか？　日本のビジネスであれば当然日本人部長です。それが社内の組織上の序列であり秩序です。顧客に対してもそういうことになります。

では、本社を頂点とするグローバル組織上はどうでしょうか？　これでも日本人部長が偉いです。組織図がそうなのだから当然です。「一体何を言いたいんだ！」とお思いですか？　はい、今までが「表の話」です。もちろん会社は「表（＝公式）の組織やルール」で動いているわけですから、それが正しいのです。でも裏の世界があります。

何が「裏（＝非公式）」なのかといえば、民族的なつながりです。私の前職はドイツ系企業だったので、「ハハーン、ドイツ人だからの話ね」と皆さん思うかもしれませんが、それは違います。これは日本企業の海外現地法人においても同様、いえ、より同質性を求める日本企業のほうが強いでしょう。

「裏の話」と書くと、何やら陰謀めいていて、おどろおどろしい感じがしますが、もう少し軽く「非公式なネットワーク」とでも理解してください。

なぜこの話をするかといえば、日本で採用された日本人マネージャーのなかには、本社と現地法人の関係、本社から来た出向者の影響力をちゃんと理解していない人が多いからです。特に同国人同士のネットワークは、母国語で話すことに始まり、一緒に昼食を食べに行く、子供の学校で顔を合わせるなど、我々が思っているより遥かに強いものがあります。これは本社出向者が多い時にだけ起こる現象で、出向者の数が少ない時は特に起こらないことなのですが、いずれにしても「本社と深くつながっている人」は、日本でのポジション以上の意味を持っていると考えたほうがいいでしょう。

民族や人種、生まれ故郷、言語、社内での出身部門など、正直言って人は同質のものと同じ環境にいると、リラックスできます。楽なのです。ですから本社出向者同士のお仲間クラブを否定はできません。日本企業のほうが強いと言いましたが、私が海外駐在していた時は、日本人駐在員が20名弱おり、昼食を現地人と一緒に食べていたのは私ともう1人くらいだったと思います。英語が上手い日本人も少なかったので、どうしても日本人同士で固まる傾向がありました。そしてその根本は、「同じ文化が共有できて楽」だったことなのだと思います。

そろそろ本題に入りますが、外資系日本法人の部門長や社長時代に、仲の良い本社出向者と打ち解けて話していると、「〇〇部長を本社ではこう言っていた」とか「〇

○本部長のパフォーマンスは……」といった話が結構出るのです。もちろん「○○」は日本人名で、「なるほど本社出向者はこんな噂をしているのか」と思ったことが多々ありました。

そこで思い出したのが、自分が日本企業に勤めていた時の海外駐在時代です。20代後半ですでに海外に駐在していたので、ポジションはマネージャーに始まり、最後は取締役でした。赴任当初、オフィスには「自分より偉い現地人」が何名かいました。そこで自分がしていたことを思い出すと、「あ、同じことなんだ」と思いました。海外駐在時代に本社から電話がかかってくると、業務連絡もさることながら、人事上の話題となることも少なからずありました。あるいは本社から役員などが出張で来ると、駐在員会議や日本人だけの夕食時に、現地人の同僚や自分の現地人上司の話になることもありました。そのような時は自然に「彼は○○ですね」とか「彼女は○○な人です」などと、ポジションに関係なく人物評価をしていました。今思えば、その時の自分の目線は本社側で、その立場での人物評価をしていたと思います。

自分で言うのもなんですが、現地採用の人間とは上手くやっていたし、何人かとは家族ぐるみの付き合いをして、日本人では一番現地に溶け込んでいた自信はあります。それでも、これが本社と縁が切れない「紐付き出向者」の現実的な感覚だったのかと思います。

「現地側に立ちすぎる。お前は一体どっちの人間なのだ！」と本社から怒られたこともある自分ですらそうだったのですから、切っても切れない「出身母体との精神的な絆」は駐在員の宿命とも感じます。また、日本人の同僚も現地社員の噂話を昼食などの時にしていたようなので、こちらも同じ。そういう情報も回り回って、最後は本社に伝わっていたのでしょう。

もうおわかりでしょうが、外資系企業の日本法人に来る本社出向者のネットワークを馬鹿にしてはいけません。また彼らの社員としての生命線は現場（日本法人と日本の顧客）ではなく、本社であることも理解してあげましょう。この辺りは日本で採用された社員の場合、完全には理解できない部分もあるので、強調しておきます。

本社出向者に対しては、何も遠慮する必要もないし、ましてや恐れる必要もありません。ただ、「本社とのパイプ役」対「日本市場担当」という本社出向者と日本人社員の役割の違いを認識することと、異文化の中で出向者が感じるストレスをわかってあげるだけで、状況はとても良くなるはずです。

■出向者の「感覚」を理解する

本社出向者の話をもう少しすれば、彼らは当然ながら本国の文化を持ち込んできます。そしてその業務以外の依頼事項の多くは本人や家族に関わる人事的な話で、上司や人事部門を直撃します。いわく、「家賃補助の上限はもっと上がらないのか?」「子供の学校の費用は完全に出ないのか?」「通勤は車でできないのか?」「家のインターネット料金を会社は負担してくれないのか?」「今回の出張はなぜエコノミーなのか?」「家族が来日するので、社有車を使いたい」などなど、全部書けばあと10行は軽くいけそうです。

ほとんどのことは社内ルールで決まっているので、「社内ルール通りです。従ってください」と言えばいいのですが、その後に個別交渉しようとする輩もいます。個別交渉となると、やりとりも長くなるし時間もかかります。ですから基本「ノー」と言うのですが、「調和を重んずる我が大和民族」にはストレスレベルが結構高い作業です。つい、「そんなメールを書く暇があったら本業の仕事をしろよな!」と毒づきたくなります。しかしその辺りは文化の違い。彼ら・彼女らにしてみれば案外、「ダメもと」の軽い気持ちで聞いてきているケースも多々あるので、「ノー」と言われれば、実はあっさり引き下がることもしばしばです。「仕事は仕事」「個人は個人」の感覚を理解して対応する必要があります。

新しい本社出向者が来るたびに似たような経験をするので、集団の調和を重んずる日本人の目にはどうしても、「わがまま出向者」と映ってしまいます。本当は文化の差なので、「向こう流」に対応すればいいのですが、そもそも生真面目に組織の調和を作ろうとする日本人には苦手なパターンです。あまりにも真面目に対応するあまり潰れかけた人事担当者も過去いました。

本社出向者は、本社や本国文化を持参してくる「出島」です。日本であって日本でない存在です。その辺りの文化的背景を理解しながら対応しましょう。

■「出向者のジレンマ」を超えるための自己アピールを

社内ネットワークに関していえば、前述の通り、「本社とのパイプ役」は出向者が担うケースがほとんどですが、そこに補佐でも代理でもいいので、現地採用の日本人社員は参画すべきです。もしあなたがその補佐や代理のポジションにつけたら、いつか自分が引き継ぐつもりでことに臨み、自分の露出度と存在感を高めましょう。理由は簡単で、「本社出向者はいつか帰る」という事実。加えて「現在の出向者の後任は当人と本社担当部門が主に相談して決める」ということです。仮に現出向者があなたを後任に指名したとしても、本社側が「誰それ?」となれば話も通りにくくなります。本社とのやりとりを通じて彼らの文化圏に入り、「身内」になっておきましょう。

「出向者のジレンマ」という言葉をご存じですか? いったん本社出向者を現地に派遣すると、その後任も本社から、次の後任も……となかなか現地化ができない現実を指します。

企業の国籍を問わず、先進国での駐在員は現地採用者に対して2~3倍のコストがかかります(途上国ではもっと差が広がります)。これは本国での生活レベルを本社が保証するからです。1つの例でいえば、欧米先進国でのアパート住まいなら100平米は当たり前。これと同じ広さのマンションを東京の中心部で借りた場合、月の家賃は最低でも70~80万円かかるでしょう。場合によっては月100万円です。驚こうが驚かなかろうが、こういう生活補填は決められているし、家族が多ければコストも上がります。それを払うのは現地法人。そこでコスト削減とローカルでの能力重視の姿勢で「現地化」をしたくなるのですが、そこで陥るのがなかなか抜け出せない「出向者のジレンマ」です。

本社出向者は期間限定で現地法人に滞在します。通常は3~4年でしょう。本社に帰ることが前提ですから、赴任中に実績をあげて帰国後の良いポストを狙います。限られた期間で実績をあげることの中では「現地人の育成」、あるいは特に面倒な「現地人と本社とのネットワーク確立」は低い優先順位となります。なぜなら、彼らは能力はあるので、業務は自分でやったほうが早いし、効率も良いからです。

このあたりの感覚は、外国企業、日本企業を問わずにある、海外駐在員の本音だと思います。「異文化適応と自分の仕事で手一杯」→「現地人を育成する時間・意識がない」→「現地人を登用しない・育てない」→「有能な現地人がいないとの理由で後任も出向者を選ぶ」→「いつまで経っても現地化ができない」。これが「出向者のジレンマ」です。現地で採用された人材がより高いレベルを目指す場合は、このジレンマを断ち切るためにも、自分を本社出向者と本社側の人間に認識させる必要が出てきます。

日本での現地採用の社員による「自己アピール」は、やりすぎると周りの日本人から浮いてしまうので、やり方は考えたほうがいいですが、少なくとも「私は〇〇さん（本社出向者です）の後任になれるだけの能力があります！」とのアピールはすべきです。

外資系では「転職できる人」が出世する

■「使える」とはどういうことか？

外資系であるなしを問わず、転職（＝中途採用対象者）には、1つの最低基準があります。それは「使えるかどうか？」ということです。荒い言い方ですが、中途採用の面接をした後によく交わされる会話の1つに「使えそう？」があります。

かなり高コンテクストな表現なので、かみくだくと次のようになるでしょうか。

コンピテンシー

・社風と照らし合わせてもやっていけそうか？
・性格は採用部門と業務に合っているか？
・話はわかりやすく明瞭か？　英語レベルは？（外資系なら）

プロフェッショナリズム

・専門性や業務スキルは部門の要求通りか？

・サラリーと照らし合わせてパフォーマンスは良いか？
・職歴を含めて、短期間で辞めるリスクはないか？

キャリアデベロップメント

・自分の「なりたい姿」や「目標」を持っているか？
・キャリアでの「将来の伸び代」はありそうか？
・リーダーシップはありそうか？

なんだか人事部の作成した面談チェックシートみたいになってしまいましたが、これらの項目をチェックリストの個別評価とすれば、「使える？」は総合評価となります。

そして「使える人」という評価は採用側からのもので、同じ人材を逆から表現すれば「いつでも転職できる人」となります。「社外でも使える人＝社内で出世できる人＝転職できる人」という方程式が成り立つのです。この辺りの背景をもう少し詳しくお話ししましょう。

まずは「コンピテンシー」ですが、外資系企業ゆえの「英語力」は当然として、やはりその人が新しい組織（会社）に馴染めるかどうかは重要です。ダイバーシティを標榜する会社であっても、社内にルールや一定の文化は存在します。そこで「馴染めない」となってしまっては元も子もないわけで、たとえば、「自由闊達な組織と官僚的な人材」「ハンズオン（実務）型業務への指示型人間の配置」などは典型的なミスマッチと言えます。加えて対象となる人材が、異なる企業文化に対して、どれだけ柔軟に対応できるかも着眼点となるでしょう。日本的に言えば「村がかわる」、外国企業的に言えば「所属クラブがかわる」わけですから、相性に加えて適応能力も重要な才能となります。

次に「プロフェッショナリズム」です。「プロとしての転職」をするわけなので当然、その専門能力やコスト（サラリー）のバランスは考えます。

いわゆる名門企業から応募してくる人に「え、この仕事でこんなにもらっているの？」と思える人がいます。誰もが知っている日本の超有名企業が人員削減方針を打ち出し、そこからの応募者が一時的に増えたことがありました。その時、マネージャークラスの人を何人も面談して感じたことは、「使えない」でした。実はこの話、あるベンチャーの社長さんと昔話で話したことがあるのですが、全く同じ感想を持っていました。では、その会社の人たちは無能なのかと言えば、そうではないのです。典型的な募集ジョブと応募者ができる業務のミスマッチでした。

どういうことかと言えば、外国企業の日本法人や日本のベンチャー企業は、社員数も少なくリーンです。社員1人1人に広い業務範囲を振り分けます。こういった企業は、社員数で言えば、せいぜい200〜300人。例外的に私のいた企業グループ全体で2000人強でしたが、それでも事業部単位で見れば中小企業プラスアルファのレベルです。そのため、社員1人1人の業務カバレッジはかなり広く、スペシャリストながらいろいろできる人を求めることになります。それに対して、先の超有名日本企業では、極端に細分化したジョブ管理をおこなっており、「1人でできること」が非常に限られていました。

加えて、外国企業と日本企業では、ポジションとその業務内容が微妙に違うので、ある程度の業務カバレッジをこなせる人でないとミートしないのです。

あとは業務の大部分が、「自分でやる」ではなく「人にやらせる」ことで占められていた現場の人も多々いました。たとえば、協力会社の管理をしている人は、「私は○○をしていました。○○を達成しました。実績は○○です」と言うのですが、実は協力会社が実務を担当しており、その人の役割はその監督。「それって、達成したのは協力会社でしょ？」とツッコミを入れたくなったこともありました。この辺りもジョブとそれをやる人のミスマッチと言えるでしょう。そうなると当然value to cost（対費用価値）、日本で言うところのコストパフォーマンスを考えざるを得ません。

最後の「キャリアデベロップメント」の部分ですが、外資系日本法人は相当にリーダーシップを見ます。多様性に富み、かつ本社も顧客も相手にする、異文化の中でのマネジメントを強いられる、ある意味で「ややこしい」組織なので、そこをグイグイ引っ張ってくれる人材を常に求めています。若手であれば、それを将来見込めそうか考えます。

また、会社や組織が、あくまでもプロフェッショナルな個人が自己実現を求めるプラットフォーム（あるいはクラブ）であると考えれば、当然その人が「自分の将来像を持っているか？」を聞くことになります。持っている人なら育てやすいという計算も少しあります。

この「将来の自分の姿」は必ずしも全社員が自分の指針として持っているわけではないですし、そもそも全員が「社長を目指す」と言い出したら社内は大混乱に陥ってしまいます。とはいえ、人格的にも実務能力的にも優れたリーダーはそうそういないので、そのような人材探しは常におこなわれています。

■ Pros & Cons 分析の勧め

もしあなたが自分の能力や会社における価値を知りたければ、「自分が何をしてきたか?」の職務経歴書を書いてみるとよいでしょう。職務経歴書は自分の社会人人生の記録です。「自分が何をしてきて、何を達成してきたか?」の棚卸しになります。

これは転職のためではなく、「自分の価値を知るため」です。人材市場では人が商品。商品には必ず「とても甘いリンゴ。298円」とか「宮崎産マンゴー、1つ1つ丁寧に収穫。4800円」などお品書きと値段が書いてあります。あなたの値段は変動する時価かもしれませんが、その相場を知るのは「お品書き」です。もう一度「自分はプロフェッショナルな人材=商品だ」と自覚することも大切です。

また、職務経歴書に加えて、Pros & Cons 分析をやってみることもお勧めします。Pros & Cons はかなりポピュラーなので、知っている人も多いでしょうが、一応解説しておきます。ラテン語由来でもともとの意味は「賛成と反対」なのですが、ビジネスで使う場合は大抵、「長所・利点と短所・不利な点」といった対比になります。自分の今までやってきた職歴を分析する場合は、Prosの部分に「できること」、Consのところに「苦手なこと」を記述してみましょう。自分の強みと弱みがわかるはずです。

自分に関しての定期的な「能力の棚卸し」をすることは、自分の「成し遂げた仕事、得意分野や強み」を認識する意味でも重要ですし、逆に「何が足らないか、これから何を学べばいいか？」を理解するうえでも役に立ちます。転職意思の有無に関係なく、定期的にやってみることをお勧めします。

職務経歴書や履歴書、自己分析は、「人材市場における自分の商品価値」を知ることになり、ひいては「転職できる人材」＝「社内でも重宝される人材」なのかどうかのチェックともなるのです。

■会社側の思考法

おわかりいただけたでしょうか？「転職できる能力のある人材」こそ、社内の主力となるべきです。そしてそのような人をつなぎ止められるかどうかは、キャリアパスを含めた会社側の対応次第です。

会社側の考え方に少し触れると、「転職できる人材」はどんどんプロモートすべき

（昇進させるべき）です。なぜなら、優秀な人は、与えられた仕事の現状や待遇に満足できなければ、自ら転職する可能性が高いからです。

私が優秀な人間を前にして、「こいつそろそろやばいかな？」と思った時に考えていたことは、「彼・彼女を失って、外部からまた採用して。その時間とコストとリスクはどれくらいか？」です。ほとんどの場合、その人材をプロモートしたほうが理にかなっていました。

また有能な人材をプロモートすることは、周りへの刺激、組織への良い「揺らぎ」を与えます。「営業部門のエース」「人事の期待の星」「若手の希望の星」など、組織内でスターを作り出すことは良い刺激になるのです。

外資系企業に向いている人・向いていない人

外資系企業で活躍できる人の条件を、より具体的に見てみましょう。本社も含む全体を意味する時は「外国企業」と表現するので、留意してください。思い当たるものをいくつか列記してみます。

■フラットながら「人脈命」の組織でネットワークを作れるか

日本の社会はもともと家長主義に端を発するピラミッド型ですから、年功を重視したり、相手を役職名で呼んだりと、年齢や地位に対する尊敬の念は高いと思います。それと比較すると、欧米の外国企業の組織はかなりフラットだと言えるでしょう。たとえ社長であっても、業務上必要であれば平社員ともメールをやりとりするし、ファーストネームで呼び合ったり、日本法人では「さん」付けで呼び合ったりします。私の前職のドイツ企業も、階層の数では日本企業とあまり変わらなかったのですが、トップと組織最下層の精神的距離はとても短かったです。もちろんこれはあくまでも社内の話なので、日本で仕事をしている限り、対外的な部分はある程度お客さんの常識に合わせるのが普通です。

一方、「実力主義の外資系」のイメージに反して、フラットな個人主義組織ゆえの微妙な側面もあります。外国企業は日本企業ほど組織的に仕事をしていないので、個人で「○○さんを知っている」といった人脈は仕事上でもキャリア上でも大切になり、実力以外のキャリア形成上の重要な要素となります。「人脈命」的な側面もあるために、個人的な印象では、上をうかがう「ヒラメ」の数が日本企業以上に多い気すらします。

まとめれば、個人ベースで組織を作るので、ピラミッド型であっても精神的にはかなりフランクでフラット。一方でそれゆえ個人間の人脈が非常に重要となる、といったところでしょうか。結果が全てであるものの、フラットな組織の中で個人ネットワークが作れない人は外国企業でのマネジメントポジションは目指すべきではないでしょう。

■発言してこその存在価値

とにかく「発言できる」か？

日本で本社からの出張者も交えて顧客ミーティングをした後に時々受けた質問があります。「○○さんは、会議中一切発言しなかったけど、なぜ出席する必要があったのか？」。

そうですよね。発言するわけでもなく、ただそこにいるだけの存在。不気味ですよね。もともと個人主義で、若い頃からディベートや自己表現の教育を受けている欧米人からすれば、集団の和を尊び、組織の序列を尊重し、「そこにいる」ことが組織の調和上有効と考える日本人は、かなり異質な存在です。国際会議の場でも、発言回数が非常に少ない日本人を何人も見てきました。語学力もさることながら、遠慮や気後れ、熟考してから発言したいとの意識、あるいは本音と建て前の二重構造などが働くのかもしれませんが、話を聞いているだけでは存在価値はゼロです。「自己主張で存在をアピールする」人たちが相手なので、こちらも積極的に発言したいものです。「あの結論、絶対おかしいよな」などと、会議が終わってから愚痴をこぼしても何も変わりません。

この辺りの発言の少なさですが、我々日本人はどうしても「阿吽の呼吸」から抜け切れないところがあり、普段同じ文化を共有している仲間といるとつい会話を短くしてしまいます。前述しましたが、日本はいわゆる「高コンテクスト文化」なので、長年連れ添った（=共通の文化を長年共有してきた）カップルのように、深い「常識」を持っています。常識はみんなが知っている共通のことなので、説明する必要もないし、逆にクドクド言えば、「中身のないことを長々と話している」と取られかねません。

一方で欧米を中心とした「低コンテクスト文化」という、全て言葉にしないと通じない世界があり、そこでは当然「阿吽の呼吸」も「目で語る」も存在しません。低コンテクストの人にそんなことを言えば、「テレパシーで話しているのか？」とあらぬ誤解を受けそうです。なので、とにかく「話して話しまくること」「相手を押し退けてでも話す」です。

ある社会調査レポートを見たことがあるのですが、アメリカ人は1日に平均7・6時間話しているそうです。これに対して我々日本人はたったの3・5時間。思うのですが、案外大阪のオバチャン辺りのほうが、その発言の多さ（四六時中しゃべっています）と物おじしないメンタリティー（電車の中で知らない人にも話しかけます）で、中途半端なビジネスマンよりもグローバル・コミュニケーションに向いている気がします。

日本人的な「会話の間」は忘れる

グローバルなミーティングで討議をしていてもう1つ感じるのは、日本人の持つ「会話の間」です。我々日本人は、前の人の発言が終わってから一呼吸おいて発言しがちなのですが、自己主張の塊のような連中相手の会議でこれをやっていると、他の人間の発言が始まってしまい、あなたは一生発言できません。「口から生まれたのか？」と思うような人たちを相手にする時は、それ相応の覚悟で臨まねばなりません。

「ロジカル」なのも大前提

また「弁が立つ」とはまた別の意味で、「自分の考えをロジカルに英語で表現できない人」は、外国企業でのマネージャー以上のポジションは期待すべきではないでしょう。「自分を主張する教育を受けてきた人たち」を相手に議論や交渉をしなくてはならず、また勝たねばならないことを肝に銘じて、自分がロジカルな自己主張ができるかどうかを考えるべきでしょう。

「人格」と「交渉」を分けて交渉できるか

もう一点、交渉の部分ですが、これも日本人がもともとあまり得意でない部分かと思います。そもそも、調和を重んずる国民性で、「できることならば、対立は避けて、相手を思いやりながら話し合いたい」が本音ではないでしょうか?

しかし外資系の世界では、自分の交渉相手が、欧米流の自己主張の強い交渉を始めた時には、ちゃんと自らの立場を主張し、あるいは交渉の流れを予測してハッタリをかますなどして、相手と互角かそれ以上に渡り合う能力も非常に重要です。

そもそも交渉とは、相手に対して自分の立場を明確にして、結論をこちらに優位に導くことが目的なので、そこにはさまざまな駆け引きが生じます。ましてや相手は「人格」と「交渉」を分けて考えがちな人たち。たとえ交渉でもめたとしても、いったん終われば人格が変わったように仲良く振る舞い、握手することができる人たちです。典型的な日本人はこのような状況に慣れておらず、相手の交渉時の態度とその人の人格を同一視して、「坊主憎けりゃ袈裟まで憎い」状態になりがちです。

そんな交渉に不慣れな人がタフネゴシエーションの場に出くわすと、相手の主張の大きさに驚き早々とあきらめるか、感情的になり自分の主張を繰り返すような失敗を起こしがちです。自分が交渉に不慣れと思う人は一度、なぜかアジアの国の露店で買い物をしてみることをお勧めします。そこでは、商品の値札はなく、売り子が言った価格の半額以下で交渉を始めて落とし所を探る、商品を褒めまくる売り子に対して欠点をあげつらって値段を下げさせるといった駆け引きが庶民のレベルで日常的におこなわれています。

こうした交渉の強さで優れているのは、私の知っている限りでは、商社マンとやはり大阪のオバチャンです。もちろん前者はグローバルなビジネス交渉、後者は近所の商店街での買い物、と鍛えられた場所は違うのですが、本質は変わりません。

▩ダイバーシティへの寛容性

外国企業やその日本法人は、そもそも「外資」なのですから、日本企業よりは人種の多様性と異人種への許容度は当然高いです。またジェンダー（性別）に関しても、特に意識することもなく、普通に「必要な人材は必要な場所で使う」という発想が多いでしょう。私の経験で言えば、日本採用の外国人も有能なら積極的に採用していたし、逆に大いに助けられていた部分でした。お客さんが日本企業なので、日本語能力は必要となる場合もありましたが、国・人種・性別は特に意識せずに経営をしていたと思います。

ただ、本国（本社）や優先順位の高い市場においては、「自国民（あるいは主要民族）が経営する」という実態はありました。これは日本企業の本社が日本人社員中心、あるいは米国や欧州本社の社長など重要なポジションは代々日本人、といったことと同じです。

話を現地法人に戻すと、「市場の文化特性」も影響します。たとえば、日本市場を理解している企業なら、「文化や言語、商習慣が独特の国だから、日本人にやらせよう」と発想し、実際外資系企業では日本人社長も多く、前職で仕えた本社の社長は「日本市場は日本人でないと無理だ」と公言して憚りませんでした。もちろん例外はあり、米国や中国といった巨大市場では、本社の意思を伝わりやすくするために、社長や役員の重要なポジションに本社から人を送り込むこともあるので、日本法人が本社から見てどのような位置にあるのかは見極めておいたほうがいいでしょう。

ダイバーシティの観点から語れば、幅広い文化を理解できる能力、異なる文化の人たちと仕事ができるコミュニケーション能力とリーダーシップ、それらの能力を備えている、あるいは身に付けたいと思う人が外資系企業に向いていると言えるでしょう。

■自由と自己責任を踏まえたリーダーシップがあるか

もともと個人主義で、「集団の和」とか「場の空気を読む」ことはあまり考えない人たちが本社にいて、その影響を受けるのですから、日本法人の職場はかなり自由です。またドレスコード（勤務時の服装）も特に指定はしないでしょう。前職の会社では、完全フレックスの勤務時間、コロナ禍前から実施していた在宅勤務制度などがありました。一般に外資系日本法人はかなり自由な職場なので、それに慣れた日本人社員が日本企業に再就職すると、息苦しさを感じる場合が多々あるかと思います。

一方で会社での自由度に関しては、「日本にある外資系企業」であるゆえの苦労もそこにあります。本来「自由」を享受するということは、それを「自己責任」の下でおこなうという意味で、私はよく「自由と自己責任はコインの表裏」と言っていました。自分で責任が取れない行動はおこなうべきではなく、責任を伴わない自由は単なる「わがまま」です。

また我々日本人が根強く持つ「集団の調和意識」が「個人の自由」の障害となる場

合もあります。在宅勤務に関する私の経験で言えば、任意の日を自己申告し上司の了解を取っておこなう在宅勤務を、「会社が日を決めて強要してほしい」と社員から言われたことがありました。一瞬「えっ」と思い、いろいろ聞いてみると、要するに「自分の判断で同僚や上司、顧客に迷惑をかけたくないから、在宅を強制してほしい」という、集団主義の行動原理としてはある意味立派な「赤信号をみんなで渡りたい」的発想でした。

ただ「自由と自己責任」を標榜する組織としては、別の論理となります。休暇ではなくちゃんと仕事をするわけだし、ラップトップもスマホも会社は支給しているし、個人の自立の観点から考えても、会社が社員全員に「強要」するルールは最低限であるべきでしょう。結局、お客さんなど外部にはスマホやメールで連絡できるのでオーケー。直属の上司には業務調整をするよう再度指導。同僚に関しては「お互いが協力し、フォローし合うことで全員の在宅勤務が実現できる」という意識改革でおさめました。

チームや顧客のことを考えるのは決して悪いことではありません。ただ、それを「事務所にいるから」という存在場所ではかろうとする「集団主義的な和の意識」はどうかと思います。顧客に対しては、節約された通勤時間を使って今まで以上のフォローをするべきですし、同僚とのチームワークも、プロが業務を協力し合って実施すべきもので、ただそこにいるだけでは解決されません。自由は強制されるものでもなく、周りが整えてくれるものでもなく、自分の責任の下で自らが周りと作っていくもの。そういった考え方の人のほうが、外国企業でのリーダーシップを発揮しやすいと言えます。

加えて、これはあくまでも個人的な意見ですが、「リーダーは明るくなければいけない」が私の持論なので、明るくてユーモアのセンスのある人が、外資系・日系を問わず、有能なリーダーの素質を持っていると考えます。

もしあなたが外資系企業でのキャリアを考えているのなら、本節のまとめがてら以下の能力を期待します。「コミュニケーション能力」「リーダーシップ」「異文化対応能力」「積極性」、そして究極は社会性の基本である「人間性」です。

第4章

就職先・転職先としての外資系企業

外国企業は日本をどう見ているか？——日本法人の実態

前述した通り、日本で活動する外国企業は3287社とすごい数です。当然玉石混交。すばらしいグローバルカンパニーもあれば、ブラックな企業が混じっていてもおかしくありません。これだけの外資系日本法人を1つ1つ検証することは不可能ですが、それだけの数の外国企業が日本で活動しているには理由があるはずです。その理由や外国企業の実態を理解することは、就職上の必要最低条件でしょう。「情熱だけに任せた結婚（就職）」で失敗しないためにも、これから外資系のタイプも踏まえて、皆さんが「相手との相性」を知る基礎知識を確認していきましょう。まずは、外国企業、外資系日本法人が日本市場をどう見ているかを確認します。

（注：新型コロナウイルスの影響は、日本企業のみならず、日本にある外資系法人の活動にも大きく影を落としています。そのため、本項の統計数値はコロナ前の正常な状態の2019年時点の調査データをあえて採用しています。）

■日本市場の魅力とは

経済産業省が2019年に発表した「外資系企業動向調査」では、外国企業が日本で事業展開をする魅力は「所得水準が高く、製品・サービスの顧客ボリュームが大きい」が約62%でした。それ以外では「充実したインフラ」や「新製品・サービスへの競争力が検証できる」といった回答がそれぞれ40%強（複数回答）となっていますが、やはり最大の動機は「市場が大きく、売上が上がりそう」と皆考えていることです。

確かに日本は、中国に追い抜かれたとはいえ、依然GDP世界第3位の国。これに加えて、日本企業が海外でおこなっている工場やインフラ投資の意思決定が日本本社でなされることから、日本での顧客接点や事業展開の重要性は一層増します。私が日本法人の社長になった時も、戦略としてまず初めに得意先（日本企業）の海外ビジネスの開拓とメンテ、そこで信用を勝ち取ってから国内ビジネスの受注という戦略で二度事業の立ち上げをおこないました。

また、アジアの諸外国と比べれば、恐ろしく充実した公共交通や物流も魅力の1つのようです。さらに外国企業では半ば常識ですが、日本の顧客要求は世界一厳しく（裏を返せば「世界一うるさい」）、分野によっては競合企業も多いので、「日本で勝てれば他でも勝てる」という方程式は今でも成り立っているようです。ただし、この項目は後述する「事業展開上の阻害要因」の4位にも入っています。両者を合わせた実情として、「高い顧客要求にこたえろ」という経営陣の建て前と「エー、そんなことできないよ」という本社工場の本音の板挟みになって苦悶するのが日本法人の常でした。いずれにしても、市場が海外であれ、国内であれ、日本の顧客対応でのキーワードは「販売拡大」「顧客交渉」「文化の板挟み」となります。

■日本市場には「コストがかかる」

せっかくですので、「魅力」の反対の「日本で事業展開する上での阻害要因」についても触れておきます。こちらは1位が「ビジネスコストの高さ」で、72%となっています。人件費も安くない、事務所コストも高い、ついでに言えば本社からの駐在員コストも都心部ではべらぼうな家賃補助が発生する高コストカントリーです。特に居住コストに関して私事を書かせてもらえば、ドイツ本社から東京に帰国して起こったことは、マンションの広さが半分になり、家賃は倍になりました。また後でわかったことですが、同じマンションの上層階に、組織では2段階下のドイツ人駐在員がもっと広い部屋に会社負担で快適に住んでいました。

気を取り直して第2位を見てみると、「人材確保の難しさ」で58%です。これは私も技術者採用で非常に苦労しました。営業系に比べればもともと山っ気の少ない真面目な技術系人材。それで最低限英語が話せて、営業センスもある（顧客対応もできる）中途人材の獲得は、業界が好景気な時には、万馬券並みの難易度と感じていました。特に昨今はデジタル化の波で、ＩＴ系の人材が完全に売り手市場なので、永遠のテーマと言えるでしょう。

第3位は「日本市場の閉鎖性、特殊性」です。グローバルに見て日本市場が特殊かどうかと言えば、間違いなく特殊です。閉鎖的かは、日本人の私はそうは思わないのですが、外国人駐在員に聞けば、ほとんどが「閉鎖的」と言います。既存の取引を新規参入者に切り替えることをためらう保守性、狭い土地に多数の競合がひしめき合う過当競争市場、英語がほとんど通じない国内取引、長いお付き合いがないと本音で話してくれない、など日本文化に根差す特殊性は確かにあります。ただそれを広い目で「市場特性」と言うか、適応できない自分の価値観で「閉鎖的」と言うかは、個人の経験と文化的寛容度にかかっているでしょう。

それ以外にも、工業規格などで日本独自のものが存在し、それが新規参入者への隠れた参入障壁となっているのは事実ですが、欧州やドイツ市場で類似の経験をした私の目には、「市場に合わせる努力ができない駐在員の遠吠え」と映ることも事実です。

■業種は「海外メーカーの販売現地法人」が多数

同じく経産省の統計で業種別分布を見てみると、「非製造業」が何と全体の約84%で、製造業はたった16%です。「えっ?」と思われませんか、そんなにメーカーが少ないなんて。実はこの統計にはウラがあります。よくよく見てみると、「卸売業」が全体の40%近くを占めていて、最大となっているのです。続いてサービス業16%、情報通信業11%、と続くのですが、この圧倒的に多い「卸売業」が曲者で、実は大半が製品の輸入販売をおこなっています。つまり海外メーカーの販売現地法人。「売ってなんぼの販売会社」です。

グローバルカンパニーはサプライチェーンを世界中に張り巡らせています。そのため、生産地に関してはコストが高い日本の国内で生産せずに、中国やASEANの工場、付加価値の高い製品は本国の工場などから供給したほうがコスト的に良いのです。そのため、日本法人の役割は「輸入と卸売」となり、登記上もそうなります。本当はメーカー系なのですが、質問が「日本法人の実態」なので、このような統計上の扱いとなるのです。もちろん工場や研究所を持っている外国企業もありますが、全体から言えばここでも当然「販売」がキーワードです。

■国籍と従業員数でわかる規模感

その他のプロファイルで興味深いところを見てみましょう。

まず国籍を見てみると、欧州系が1421社で全体の43％と最も高く、アメリカ系は23％と案外少ない印象。アジア系は27％と案外健闘している印象です。欧州系企業が1000社以上もあるのは私も驚きましたが、逆の統計で、ドイツにある日本企業の数も約1800社（外務省データ、正確には拠点数）ですから、納得がいく数値です。

従業員数では、約55万人が外資系企業で常時就労中となっています。これは日本の就業人口約6700万人の1％弱ですが、販売中心で工場が少ないことを考えれば、そんなものかと思います。

ここで計算をしてみましょう。「55万人の社員」を「企業数3287社」で割ると、1社の平均従業員数は167名。従業員数200名以下の小規模販売会社。これが平均的な日本法人のプロファイルでしょう。もちろん日本IBMのような2万人以上の社員を抱える会社もないわけではありません。アップルジャパンも社員は4000名以上いるようです。しかしそれらはほんの一握りであり、私のいたドイツ最大のエンジニアリング企業グループやマイクロソフトのような超有名企業でも2000名を少し超える程度です。あとは玉石混交、いくら本社が大きくても、日本法人の規模があまりにも小さい場合は、「急成長の可能性がある新興企業の期待の現地法人」、あるいは「長年伸びていないリスクの高い現地法人」のどちらかと考えられます。就職先としてハイリターンか？　ハイリスクか？　これは社歴と事業内容で測ることができるでしょう。

また転職者目線では、日本法人の創業期から入社して急成長させ、次の社長の座を狙うというチャレンジングな選択肢もあります。私の知り合いでも実際にそれを米国系エンタメ企業で実現した人がいました。もっともこれは数年に一度あるかないかのケースでしょう。一方で初めからある程度の職場環境を望む転職希望者の場合は、小さすぎる会社は大抵、勤務規定、人事制度、コンプライアンス、ガバナンスなどがしっかりしていないので、そこは覚悟しておいたほうがよいでしょう。「自分たちでこれから作っていくんだ」くらいのスタートアップ的な気概がないと小規模の日本法人は厳しい職場になると思います。

研究所や工場を複数持っている一部の例外を除けば、平均的な外資系日本法人は、「販売会社」であり、グローバルな組織から見れば「支店」です。いくら「日本国内では本社」であっても、この立ち位置は忘れてはいけないと思います。

■新規参入と撤退のリアル

どれくらいの企業が日本に新規参入してきているのかと前述の調査結果を見てみると、過去5年平均で年間62社が設立されています。ただこの数字は合弁や買収の結果としての設立も含まれるので、それらを除外した単独での新規参入数は全体の60%程度で39社です。

一方で、撤退した企業数を見てみると5年平均で年間119社。なかには株式を日本企業に売却したようなケースも含まれるので、この約120社全てが廃業・撤退したわけではないですが、自分の会社がなくなる危険性もゼロではないと言えるでしょう。少なくとも外国企業の日本法人数はわずかながら減りつつあります。

外国企業の新規事業は、概ね3年頑張っても先が見えない場合は、見直しがかかる場合が多く、それは日本市場への販売展開でも同様と考えたほうがいいです。もちろん進出国では法人を設立するので、そう簡単に撤退できる話ではありませんが、いずれにしても赤字事業を長年耐えて維持し続けると言った気の長い話は外国企業には通用しないと考えたほうがいいでしょう。

前述の私がいたドイツ系コングロマリットでは、事業部の数の多さが半端でなかったので、お客さんへの事業撤退の説明、事業別会社化の案内といった、「前向きに説明しなければならない後ろ向きの話」を定期的にすることになりました。「だから外資は信用できない」――長期的な関係継続を望む日本のお客さんゆえの叱責ですが、この部分は、費やす労力を含めてさすがに最後まで慣れることはできませんでした。

また会社内部に目を向けた場合、日本法人が複数の事業部を抱えているなら、1つの事業が撤退しても、従業員の配置転換などができる可能性はありますが、単一事業の場合は、「撤退＝廃業」となってしまうので、従業員の解雇リスクが高くなります。どんな事業も将来はどうなるかわかりませんが、直近の目利きで言えば、「展開市場に将来性はあるか？」「日本で成長しているか？」「本社は日本市場を理解して、それにコミットしているか？」「日本市場開拓を決めた動機は？」など、いくつかの項目を確認することで、その日本法人の可能性を確認できるでしょう。単なる「ノリ」で安易に日本に来た企業と心中しないためにも、これらのことは十分調べるべきです。

また可能なら、本社のホームページや本国のサイトなどで、「本社の意見や考え方」も知っておきたいところです。日本で採用された事業責任者や社長の「個人的意見」では、本当のところはわかりません。なぜなら彼ら自身もいつクビになるかわからない存在だからです。

■勝てる外資系企業の条件

「苦労は買ってでもしろ」――確かにそうなのですが、苦労ばかりで結果が出ない企業に勤めるほどきついことはないでしょう。ですからここで少し、どのような外国企業が日本で成功しやすいかを考えてみます。

外国企業が日本市場で「勝てる」条件としては、「圧倒的な製品力」や「強いブランド力」「日本国内での競合の少なさ」などが考えられます。

圧倒的な製品力

「圧倒的な製品力」は競合に対しての優位性があるので、強いポジションが取れるでしょう。仮に日本法人の組織が脆弱でも、グローバル市場で確立された製品力があれば、それが日本での販売を後押ししてくれる可能性が高いです。航空機エンジンやガスタービン、風力発電機、化学製品、医薬品、ソフトウェアなどが代表的ですし、GAFAのビジネスモデルなどもその最たる例でしょう。

これらの「勝てる製品」の特徴は、初めからグローバル市場が対象となっていることです。そうした製品やビジネスモデルの開発には膨大な研究開発費がかかります。たとえば航空機エンジンやガスタービンの開発には数百億円の資金が投入され、販売台数が3桁あればベストセラーなので、単価も10億円単位と高く、かなりリスキーなビジネスです。ゆえに新規参入が難しく、世界市場が数社のグローバルプレイヤーで占められているケースも多々あります。GAFAやソフトウェアの場合は、圧倒的な認知度とグローバルでのユーザー数が担保になっています。

強いブランド力

次にブランドですが、アパレル、装飾品、バッグ、時計など欧州系ファッションブランド品に象徴されるような、圧倒的なブランド力があれば、BtoCで勝てる可能性は高いでしょう。ただ、この世界は国内企業ではなく、外国企業同士の競合が多いので、別の意味での難しさが存在します。ドイツ車に代表される高級外車市場も同様です。特に高級外車の上位モデルでは、比較できる国産ブランドがレクサスくらいなので、外車同士の比較と購買が多く、ファッションブランド品と同様に、「外国人同士の戦い」という別の視点での観察が必要でしょう。

日本国内での競合の少なさ

次に「国内競合の少なさ」ですが、なんと言っても日本は過当競争市場。製品によっては無数の国内競合メーカーと競争しなくてはならないケースもあります。国内企業同士の競争がもともと激しいところに外国企業が参入した場合、前述の圧倒的な製品力かブランド力でもなければ、外国企業の勝率はぐんと下がるでしょう。日本は競合企業のホームグラウンド。こちらにとってはアウェーです。先方は顧客との長い関係を持ち、営業組織も充実、アフターサービスも全国展開、製品もそれほど差がない、となればこちらの市場参入へのハードルはとてつもなく高くなります。ですから敵の数は少なければ少ないほどいいし、ゼロなら理想的です。

▩就職先を選ぶ際のその他の注意点

あと留意すべき点を考えると、規制緩和や市場の自由化に踊らされないということです。市場の自由化はそれ自体が悪いわけではないし、免許制の業種などでは外資の参入障壁が下がり、我々現地人（日本人）としても、就職のチャンスが生まれます。

たとえば1990年代にあった「金融ビッグバン」。市場の開放自体は1970年代から始まって、外資系金融機関も80年代から盛んに日本で活動していたのですが、この市場開放で一挙に法人設立、日本企業吸収合併、業務拡大などに走りました。実際、90年代後半の2年間（ここがピークでした）を見てみても、年間約200件の対日投資があり、日本企業へのM&Aも90件近くありました。内訳を見ると、銀行、証券、資産運用、保険、消費者金融、といったさまざまな分野での進出で、幅広い業務拡大、買収、日本企業との提携などをおこなっていました。また外資系金融機関の従業員採用は、「優秀な人材＝コスト（給与）が高い」という業界常識でおこなわれたので、当時の国公立大学の理系の学生が殺到し、何かと話題になりました。

これらの事例は、「市場が儲かる」とわかった瞬間に、お金の匂いに敏感な外国企業がこぞって参入した顕著な例ですが、他にも、通信の自由化でのＩＴＣ分野への参入（たとえば、ソフトバンクモバイルはもともと、日系通信事業者を買収したイギリスのボーダフォンでした）、２０１０年代半ばからの、電力市場自由化における再生可能エネルギー分野への外資系メーカーやデベロッパーの参入状況を見ても、同様の傾向となっています。この傾向は２０５０年のカーボンニュートラル宣言と、政府のグリーンリカバリー（経済再生計画）の後押しを受けて、今後は水素化技術や電気自動車関連設備、電力系統でのデジタル技術などにも拡大していくはずです。

また本書で何度か書きましたが、外国企業は基本、狩猟民族系の人たちなので、「儲かる」と見れば怒涛のように市場参入してきます。この辺りの思い切りの良さは見習うべき点でしょう。またこのメンタリティーは、昨今の傾向を見る限り、欧米系だけでなく中国系企業でも同じです。一方で、狩猟民族は獲物が取れなくなると山から降りる（市場から撤退する）ので、そこもちゃんと認識しておくべきです。百歩譲って撤退はしなくても、縮小はかなりの確率で起こります。そのため、自分の就職希望先が「旬のものか？」「一発屋でないか？」「ローリスクだがリターンも低いのか？」「ハイリスク・ハイリターンなのか？」などを見極めて、自分に合った企業を見つけてください。

以上、最後のまとめをすると、日本にある外国企業の日本法人は約３０００社あるが、玉石混交。日本市場へのコミットメント度合いと勝てる要素を見極めてから、しっかりと自分のキャリアが作れる企業を選ぶ必要があります。またその大半は販売会社であり、本社から見れば支店のようなもの。そのため、就職を考えている場合は、日本法人だけでなく、ホームページやネット検索などで本社の考え方もしっかり理解してから選定に入ることが重要です。

次に、「企業として旬かどうか？」「成長の余地がありそうか？」。企業が成長曲線のどの辺りにあるかということも、あなたの企業人としての成長チャンスに関わってきます。ぜひ自分の将来目標に合った外資系企業を見つけてください。

外資系の業界特性――金融、GAFA、製造業

もし、あなたが新卒・中途を問わず外資系企業への就職を考えているのなら、どのような業界が自分に合うのでしょうか？　あるいはどうやって自分に合った企業を見つければいいのでしょうか？　その辺りを少し考えてみたいと思います。特に本項の執筆にあたっては、国籍、業界を問わずさまざまな外国企業の人たちと意見交換をしました。その結果、業界や企業の特徴が出る部分、スタートアップや老舗を問わず、欧米企業で根本的に共通する部分も確認できたので、皆さんと共有したいと思います。

日本は（ほぼ）単一民族・単一国家なので、ついその重要性を忘れてしまう事柄の1つに「カルチャー（文化）の違い」があります。グローバルに展開する外国企業、国内がそもそも人種の坩堝《るつぼ》の米国、異文化の集合体である欧州連合、どれを見てもカルチャーの話抜きには語れません。

さて、この日本人が鈍感な「カルチャー」ですが、欧米系の企業で言えば、非常に大切にしている企業が多いと思います。なので、本項では業界特性や外資系企業でのキャリア形成の根源的なものとして、外国企業がなぜカルチャーを重要視するかも考

[図4]

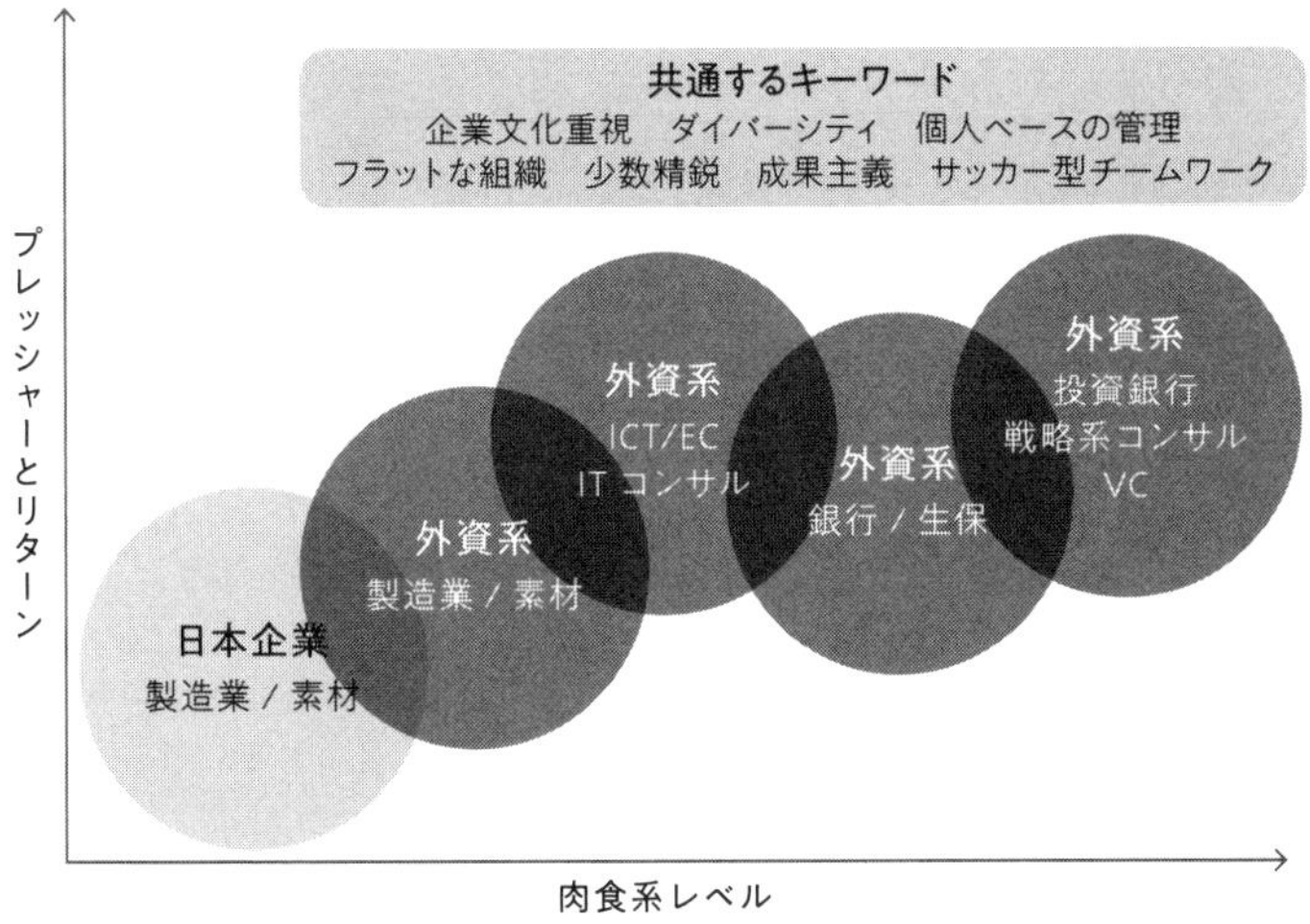

察し、特に就職を考えている人には指針となり得る業界の特性や企業の特徴について考えてみたいと思います。

図4を見てみてください。左下の「日本の平均的製造業」を起点として、外資系企業の所属する業界をプロットしてみました。各業界の相対的な関係や距離は、それぞれがより左下に寄ることを除けば、日本企業であってもさほど変わらないと思います。それに対して、外資系日本法人は本社カルチャーの強い影響下にあるので、日本企業に比べれば、より資本主義の原理原則に忠実な「肉食系」で、従業員個人に要求される目標達成のプレッシャーと成果に基づくリターン（昇格や昇給）は高い位置にあります。結果、表

の右上は「ハイリスク・ハイリターン」、左下が「ローリスク・ローリターン」になります。それでは、それぞれの業界の特徴と想定されるキャリアについて考えてみましょう。

■投資銀行・VC・戦略系コンサルティングファーム

図の横軸で見た場合、何と言っても肉食系で食物連鎖の頂点に立つのは投資銀行やベンチャーキャピタル（VC）、戦略系コンサルティングファームです。

まずは投資銀行ですが、外資系ユニバーサルバンクの投資部門も似たカルチャーを持つので、ここでは同じものとして括りましょう。念のため確認すると、ユニバーサルバンクとは、いわゆる銀行部門と証券部門、投資ファンド部門（アセットマネジメントと呼ぶ場合もあります）が金融コングロマリット的な形態をとっているものです。日本の金融機関でも昔は各部門が別会社だったのですが、今は同様の形となっています。

代表的な外資系金融機関としては、ゴールドマン・サックス、JPモルガンなどで、日本法人は社名に「○○証券」とついているケースが多いです。またこの米国系に加えて、ドイッチェバンクやUBS、バークレイズのような欧州系も日本に進出しています。業務内容としては、投資銀行業以外にも、アセットマネジメント（資産運用）

や証券管理、資金決済、プライベートバンキングなど総合的な金融サービス業務を展開していますが、本項で語るのはあくまでも投資ファンド部門のみです。

また「ハイリスク・ハイリターン」が常識で、投資成功率10％程度と言われるベンチャーキャピタルもこちらの括りとなります。そもそも「ベンチャー企業10社に投資しても、そのうち9社は程なく失敗し、1社でも上場できれば大儲け」と考えている業界なので、この科学的バクチ打ちの感覚はまさに肉食系の王道と言えるでしょう。

次にコンサルティングファームですが、同業界も昨今は多角化しており、従来の正統派戦略コンサルティングファームのマッキンゼー・アンド・カンパニーやボストンコンサルティンググループ、ベイン・アンド・カンパニーに加えて、昨今はアクセンチュアやデロイト、ＰｗＣなどのように、データセンターやＩＣＴ系のサービスを急拡大している会社も多々あります。こちらのほうはもともと監査法人系だったからか、ＩＣＴサービス業務が拡大するにつれて、他のシステムインテグレーターと同じく若干マイルドな文化に移行しつつある印象です。そのため、ＩＣＴコンサルとして別のカテゴリーに入れました。

さて、このカテゴリーをもう少し深く掘り下げてみると、出てくるキーワードは「孤独な一匹狼」。母体はもちろん会社なので、投資判断や経営戦略・事業戦略の策定に関しては、会社組織としての判断やシステマチックなアプローチを取ります。とはいえ、投資先を見つける目利きや戦略の最終判断でモノを言うのは個人の能力。個人としての洞察力。知見、判断力、交渉力など。個人の才覚と能力が業績を大きく左右します。なので、コンサル業界で昔から言われている UP or Out（昇進するか出ていくか）が常識的に存在するシビアな肉食系の世界と言えるでしょう。それゆえに縦軸のリターンとプレッシャーも自然と高い位置となります。

自分で稼げなければ出ていくしかない社内の雰囲気。上司との人事面談でも個人の成績や達成が話題の中心です。そのプレッシャーは、たとえチームプレイをしていても、日常的に感じざるを得ません。それに耐える自信と自分の能力を信じていて長期雇用にこだわらない人が向いている業界でしょう。下世話な言い方をすれば「山っ気の強い人」向きだと言えます。日系でももともと給与レベルの高い業界ですが、そこに「外資」の枕詞が付くので、給与水準はピカイチと言えます。

余談ですが、この業界のトッププレイヤー、特に金融系になぜか高級外車が好きな人が多いようです。もともと「労基法クソ喰らえ」で深夜労働当たり前、獲物を見つけたら昼夜を問わずまっしぐら。金銭感覚でもバッと稼いでバッと使う「いけいけドンドン」の業界ですから、高性能の高級外車でかっ飛ばしてストレス発散、高いものを購入して自分が資本主義の頂点に立っている満足感に浸る。それくらいしないと、やっていられないのかもしれません。

キャリアデベロップメントを見てみると、1社で定着することは稀で、より上を目指しての同業種での転職、GAFAに代表される米系大手テック企業、一般事業会社での経営企画や社内ベンチャーキャピタル、ベンチャーキャピタルが投資した企業の役員、スタートアップ企業の立ち上げ参画、自分で起業、などが考えられます。もともと「自分の能力」頼みで組織を生き抜いてきた人たちなので、転職や独立へのハードルは低いです。

欧米では製造や流通大手企業の経営者への道もありますが、純潔主義が強い日本の企業社会ではなかなか難しいと言えます。また一般企業への再就職では、相当に良いポジションを取らないと、一度収入がガクンと下がるケースが多々あるので、あくまでも「自分の将来への投資」として、この辺りのギャップを割り切る必要があります。

あるいは、スタートアップ企業の場合では、現金収入は相当下がるものの、ストックオプションでの一攫千金を目標にして、上場を狙うという手もあり、実際それらの企業のCFOに投資銀行出身者が多いのも事実です。また同じくスタートアップのマネジメントに関しては、戦略系コンサル出身者が多いようです。もともとリスクには寛容な業界なので、そこに慣れてしまえば、自らの起業やスタートアップ起業の立ち上げも、リスクよりチャンスと考えられるようになります。

■銀行・生保

先に書いた、外資系ユニバーサルバンクの銀行部門や証券部門です。それに加えて生命保険で、共通点はリーテイル（顧客販売）が中心の業務となります。先のベンチャーキャピタルや戦略系コンサルよりは若干マイルドとはいえ、そこは資本主義の権化の外資系企業、顧客にしても「お金持ちは良い人」と、個人では超富裕層、あるいは何千億円も投資をする機関投資家や大手企業などを中心に事業を展開しています。

前述のように、投資銀行業以外では、アセットマネジメントや証券管理、資金決済、プライベートバンキングなどの総合金融サービスを提供していますが、やはり外資系なので、日本の金融機関のようにコンサバでヒエラルキー性の高い組織ではなく、個人を基本とした人材マネジメントをしています。

さすがに銀行業務なのでコンプライアンスにはうるさく、ウェブ中心の各種研修や社内通達も盛んです。仕事は入社当初より集中的に詰め込まれ（というか自分で覚えざるを得ず）、業務量はかなり多いです。前述のベンチャーキャピタル同様、自分の業務処理能力と頭の回転の速さに自信のある人はチャレンジしてみるのも一考です。短期間でかなりの業務にチャレンジできるでしょう。

現在は落ち着いているようですが、リーマンショック後の一時期、外資系金融における日本での部門閉鎖や人員整理が起こったことがありました。人員整理は大なり小なりどこの外資系企業でも聞く話ですが、世界的に業界そのものが不調になったりすれば当然、依頼退職の話が出てきます。また時として日本事業からの撤退といったケースもあります。高収入でバリバリ仕事ができて満足度も高い。この高いリターンの裏には当然、高いリスクがあることを認識していれば問題はないでしょう。肉食度合いは先のベンチャーキャピタルやコンサルティングファームよりは弱まりますが、成果を問われるという意味では、かなり近いレベルにあると思います。

次に生命保険会社について考えてみたいと思います。生命保険というと、私のような古い世代はすぐ、日系保険会社の代名詞のような「生保レディー」（要するに外勤営業の女性）を想像しがちです。彼女たちが会社の事務所や個人宅を訪問して、「ある程度決まった形の保険商品」を販売するのが旧来のパターンでした。今はかなりスマートになり、その販売方法も対面に加えて、店舗やネット販売など多様化しています。

このようなパターン化した商品をいくつか組み合わせて販売するのは日系によく見

られますが、外資系生命保険会社がどうかといえば、顧客ニーズに応じた保険プランをコンサルティングして組み立てていくことが多く、顧客の課題を解決できる提案能力が求められるケースがほとんどです。ある意味でやりがいのある仕事ですが、そこは外資系企業、特有の形態を取っています。

営業職で言えば、完全実力主義で出来高制。販売した保険のアフターケアはカスタマーセンターが対応するので、営業の仕事はあくまでも新規受注。この「稼がざるもの食うべからず」の部分だけ見ると、投資銀行と同じかそれ以上に狩猟民族系でシビアかもしれません。また、主な顧客は個人の富裕層や企業。自分の報酬（給与）に直結する契約金額なので、それが大きければ大きいほど良い。また契約金額にかかわらず手間がかかる事務作業の効率からいっても、大口狙いが正攻法。結果「お金持ちは良い人」となります。「保険の契約、家族や親戚を一周してからが世間相手の勝負」は昔の話、現代では「保険の契約、金持ちなら親戚回りもするが、勝負は大企業と資産家回りから」とでもなるでしょうか。

営業の腕に自信があり、実績報酬で稼ぎたい人なら、年齢や経験年数に関係なく高収入が見込める業界ですが、当初は固定＋歩合給でも、入社後２〜３年で、契約保険額の一定の割合を給与として支払う完全歩合制となる企業も多いので、やり切る自信があればこその業界でしょう。

転職を考えている人は、自分は「保険の一人代理店」と割り切って仕事をするほうが心構えとしてはいいかもしれません。とにかく成果報酬中心なので、福利厚生という概念もなく、家族手当や住宅手当もない企業がほとんどで、「沢山稼いであとは自分の裁量でお金を使う」システムとなっています。一匹狼で狩猟（新規営業）の腕に自信のある人は、「一人代理店」として獲物を狩りまくってください。

■ICT企業、EC企業、ITコンサルティング

いわゆるＧＡＦＡの中でもグーグル、フェイスブック、アマゾンなどはこの分類で、他にもＩＣＴ系でマイクロソフトやＳＡＰなどのソフトウェア企業、日本ＩＢＭやシスコ、オラクルなどのシステムインテグレーターがこれに該当すると思います。またすでに書いた通り、コンサルティング会社でもデータセンターや、ＩＴ系の部門はこちらに近い存在です。

ＧＡＦＡの中でもアップルは、自社ブランドの製品、ＭａｃやiPhoneを販売しているブランドテック企業なので、同じにしてよいか迷ったのですが、最近はサービス系事業の躍進が大きく、また企業文化的にも同類だということで、ここに含めたいと

思います。

ＩＣＴで圧倒的なシェアを持ち、時価総額でもたった4社で日本株全体（東証一部上場企業約2200社）と肩を並べてしまい、情報のプライバシー、米国大統領選への影響、国際的な租税回避、独占的ビジネスへの批判など、何かと政治的な話題も多いこれらの米国巨大企業ですが、アマゾンを除けば、他は皆シリコンバレー発祥のテック企業。やはり米国西海岸、その中でも特に自由闊達なシリコンバレーの文化を色濃く踏襲しているメガベンチャーと言えるでしょう。ちなみにＧＡＦＡという言葉、本家本元の米国ではあまり通じないようですが（Big Techなどと呼んでいるようです）、日本では定着しているので、そのまま使います。

このグループ、企業によりレベルは若干異なりますが、ハード・ソフトを問わず、維持する「商品」を持っているので、狩猟民族系の肉食度は若干マイルドになり、個人目標や求められるストレッチ（業務能力の向上）度合いではほぼ同じレベルと考えます。いわば、肉も草も食べる雑食系のサバイバル能力の高いグループと言えます。それではＧＡＦＡを中心に先端テック企業の実態を見てみましょう。

グーグル

検索エンジンで世界の90％のシェアを持ち、Androidは世界のスマートフォンの70％以上に搭載されています。Gmailはプライベートでは今や欠かせないツールですし、グーグルマップや翻訳も馴染み深い機能です。買収して傘下としたYouTubeも、子供がなりたい職業ナンバーワンがユーチューバーというくらいに次世代の主要なメディアとなっています。

これらの圧倒的に強いサービスやソフトをベースにインターネット広告で稼ぎ、その豊富な資金力を基にAIやロボット、車の自動運転技術などにも膨大な投資をおこない、実用化を目指しているグーグルなので、日本法人が募集している職種を見てもさまざまです。

ソフトやシステム、ウェブ、ネットワークエンジニアだけでなく、電気やメカ関連、ひいては生産系やオペレーション系もあり、とにかくエンジニアを必要としているようです。それ以外にもプログラムマネージャー、プロダクトマネージャー、データサイエンティスト、システムインテグレーターなど、ICT系エンジニアの青田買い状態です。

加えて営業で言えば、キーアカウントや新規事業担当、パートナー開拓などと結構幅広く、これにビジュアル系のデザイナーや財務、法務、人事、調達、事業戦略などのバックオフィスを加えれば、もの凄い数の募集職種となります。また日本でも開発をおこなっているので、製品開発をやりたい人にもチャンスがあります。

採用では実務経験者を求めるので、新卒での就職ではなく、実務能力を買われての専門職としての中途採用が基本です。グーグルのオフィスはとてもレベルの高い職場環境で、利便性、機能性、デザイン性に優れていると言われていますが、福利厚生の手厚さも有名で、食事の無料提供やフレキシブルな休息時間やトレーニングジム、ライブラリー、できればあまり使いたくはないですがシャワー室や仮眠室など、従業員が自分の裁量で最高のパフォーマンスを出せるように配慮しています。

勤務時間については、20%を自分の気に入ったプロジェクトに割くように義務付けるルールが有名です。さらに、他のシリコンバレー系企業とも共通する、個人の価値観や自己管理を尊重する社風ですが、本社や海外と関連する業務についている場合は、早朝や夜遅くの会議や連絡も日常的に発生するので、その辺りの時間管理は自己責任の部分と言えます。

また、優秀な人材を常に求めて採用しており、実際に一流どころのコンサルティングファームや他の米系テクノロジー企業からの転職者もゴロゴロいるような環境なので、自分の能力向上に努めて、サバイバルしていく必要はあります。充実した福利厚生も当然、優秀な人材をつなぎ止めるためなので、それに甘んずるのではなく、自ら「つなぎ止めたい人材」になる必要があります。

急激に巨大化して、今や従業員もグローバルで4万人を超え、売上も20兆円（親会社のベース）近くと完全に大企業となったグーグルですが、最近は少々官僚的になったとの噂もちらほら。またその巨大さゆえに、本国の米国では、その市場独占状態から司法省に睨まれるなど、会社分割や企業買収制限の噂も絶えません。とは言え、先端を行くテック企業であり就職先としての魅力は依然高く、履歴書的にもその後のキャリア形成（転職）において、勤めておいて損はない企業です。

ただ日本法人は、多くの外資系企業がそうであるように、即戦力の中途採用がほとんど。新卒でどうしても入りたければ、アメリカの大学を出て、そちらで就職活動をするほうが近道でしょう。

また、入社後に関して言えば、採用が専門職ベースなので、その専門職のプロとして入社し、基本はその部門での勤務が続きます。また、他のテック企業でも似たり寄ったりなのですが、5段階の人事評価で個人が連続最下位となった場合、コーチングで是正措置が取られます。また転職したもののパフォーマンスが出せず、企業文化的にも合わないと感じる人は早々に去っていくこともある、UP or Out の世界です。

くどいようですが、この辺りの状況は、外資系企業、特に米系企業、その中でもテック企業では「常識」なので、再確認しておきます。

逆にグーグル日本法人からの転職先としては、同じGAFA仲間や、日系ではヤフーやDeNA、楽天などウェブ系企業が多いようです。自由闊達な職場環境に慣れてしまうと、堅苦しい職場は厳しいので、自然と同業やシリコンバレー系企業を選ぶ傾向があるようです。

アマゾン

もともと本のインターネット販売から事業をスタートし、そのプラットフォームを生かして取り扱い品目を増やして（現在2億種類以上と言われています）、EC（電子商取引）の巨大企業となり、今度は顧客基盤をベースとして映像や音楽のネット配信で躍進。自社のデータ処理の必要性から出たデータセンターを事業化して、AWS（アマゾン・ウェブ・サービス）として業界1位の地位にまで持っていった実行力は半端ではありません。

「事業拡大はコアコンピテンシー（本業）とのシナジーのある分野で」と教えるビジネススクールの教科書に真っ向から喧嘩を売って、EC企業が本業と全く異なるクラウドデータサービスやネット配信に進出。ついに時価総額でもグーグルに次いで世界5位（2021年時点）となったアマゾンですが、そこには「プラットフォーム事業としてのシナジー」がありました。さらに重要なこととしては、社内に常に物事を変革させるチャレンジマインドが文化としてあります。実際、入社の面接でも「アマゾンの企業理念、文化に合う人材かどうか？」はかなりしつこく面談でチェックされます。

では、アマゾンの文化とはなんでしょう。まずはリーダーシップ。新しいアイデアや長期的な価値創造ができる人が求められます。次にスピード。アマゾンでの仕事量は半端でないので、業務の無駄やミスを減らして、スピーディに最大限のパフォーマンスを発揮することが要求されます。実際、アマゾンを退職した人からは「仕事量が半端じゃない」と聞くことが多いので、自らの仕事のスタイルを変えるチャンスがそこにあるかもしれません。しかも創造的なリーダーシップが常に求められるので、自分自身にストレッチをかけられる環境と言えます。

ちなみにアマゾンにおけるリーダーシップはOLP（Our Leadership Principles）と呼ばれ、単なるリーダーシップ指針でなく、一種の行動規範になっています。社内でも「そのやり方ってOLP的に正しいの？」とか「もっとOLPを発揮しなきゃ」といった会話が交わされています。このOLP、14項目からなり、「全員がリーダー」「イノベーション（革新）」「インベンション（創造）」といった刺激的な単語が並んでいます。アマゾンはOLPを「求める人物像」として公表しており、ネットで検索すればすぐ出てくるので、詳細が知りたい方は検索してみてください。

給与水準も高く、外への転職においても悪くないキャリアです。特に何より常に新しいことに挑戦する文化は、長い人生での「自分磨き」のフェーズには最適かもしれません。また募集職種を見てみると、ウェブやシステム関連ではない事務系でも、データ分析能力やそれに則ったKPI設定能力、予測能力などを求める傾向があるようです。

転職元としては、楽天などのウェブ系の同業者、サービスや商品企画に強い大手事業会社、コンサルティングファーム、外資系テクノロジー企業で、これは転職先でもほぼ同じです。

なお、AWSはクラウドコンピューティングサービスを提供する企業なので、業務内容が全く異なります。そのため、こちらはバリバリのICT企業の領域。転職者の出身もIBMやオラクル、SAP、日系システムインテグレーター、日系通信事業者、マイクロソフトなど、親会社とはかなり異なるドメインとなっています。企業文化的には、システム系の文化の影響下にありますが、根本はアマゾングループの一員で、同様のリーダーシップが求められます。

アップル

言わずと知れた時価総額世界ナンバー・ワン企業。最近は電気自動車に参入かとも噂されるテック企業です。グーグルがネットやソフト中心なのに対して、アップルはiPhoneのような革新的なハードウェアで時価総額1兆ドルの道を切り開きました。その後Apple Storeでのアプリケーションの代理販売や、Apple Musicに代表される音楽や動画の配信に早くから手をつけたほか、アップルのエコシステム確立に寄与したクラウドストレージサービスも展開するなど、常に革新的な製品やサービスで年率2桁成長を続けて時価総額も2兆ドルを超えました。

創業者のスティーブ・ジョブズがソニーに憧れていたことからもわかるように、もともとハードウェア志向の強い会社でした。最近は革新的でかっこいいハードをベースに、そこからのネット接続で確立した「金のなる木」に、さまざまなサブスクリプションサービスを提供しており、「稼げる」サービス事業の拡大が顕著です。

グーグルやマイクロソフトなどのソフト系企業がなんとかハードウェアを売ろうと苦労していることと比べると、アップルのハードウェアとブランドの圧倒的な強さは当面は盤石に見えますし、各社がサブスクモデルを次の事業の柱としようとしている現状からは、市場の将来性がうかがえます。ただ他のテック企業も含めた巨大化しすぎたGAFAへの風当たりはますます強くなっているので、このサービス事業も分割させられるリスクがあります。

アップルにとっての日本市場は、スマホユーザーの2人に1人がiPhoneを使っているというとてもありがたい市場なので、Apple PayでのSuica対応など、日本市場に向けた製品開発もおこなっています。

話をアップルの内部に振ると、他のテック企業と比べると、若干クローズドな文化で、居心地がよく長期で働く人が多いようです。恐らくこの辺りは、アップルという強力なブランドと、ハードウェアを扱っているがゆえの社風にも起因するのでしょう。その意味では、ベタな製造業に慣れた我々日本人にはハードルが少し低い企業かもしれません。

開発センターを国内に2か所持っていますが、今のところ事業の中心はハードウェアの販売です。Apple Storeという直営店もあり、また昨今は法人営業にも力を入れているので、就職においては、単にアップルブランドに憧れて志向するのではなく、「そこで何をするのか?」を明確に考えてから職種選びをしたほうがいいでしょう。

販売会社なので、部署によっては、業務も案外地味です。社風は、外資系なので当然、スペシャリスト志向、実力・成果主義、フラット、ダイバーシティ、リモートワークなどの特徴が挙げられますが、他のテック企業などと比べると、残業が少なく、「自分の解決できる業務に専念する」傾向が強いようです。有給休暇の消化率も高く、ワークライフバランスは比較的取りやすいと聞きます。

とは言え、コンシューマー商品を扱っているので、品質や納期問題、顧客対応など、何かあれば泊まり込みなども当然あり得ます。また、組織は縦割りで米国本社と密につながり、他部門が何をしているかわからない、ただ自分たちのチームでの結束は強く雰囲気も悪くない、などの特性があるようです。情報の管理も、新製品情報に限らず徹底した秘密主義が取られていて、米国本社も含めて世間では、「謎の多い会社」とされています。

何はともあれ、あれだけ強いブランドを持つメーカーの日本法人なので、その実態は、アップルが好きでたまらない信者が勤める販売会社といったところ。平均勤続年数も自然と他のテック企業よりは長くなります。転職元に関しては、ＧＡＦＡの他の企業、ＩＢＭやマイクロソフト、日系ウェブ系の企業などで、転職先も同様です。

フェイスブック

全世界で28億人が使っていると言われるFacebook。言わずと知れた世界一のソーシャルネットワーキングサービス（ＳＮＳ）です。日本ではFacebook離れが言われていますが、それでもユーザー数は３０００万人弱はいるようです。またFacebookのユーザー数が頭打ちでも、その他にInstagram、Messenger、WhatsAppなどの誰もが知っているサービスを揃え、最近は、FacebookやInstagramを企業ビジネスで活用する動きも増えていることから、企業全体では、利用シーンの増加に伴う安定した成長を保っています。新規事業分野としては、ＡＲやＶＲなどのテクノロジー分野への投資にも余念がありません。

フェイスブックは米国のランキングで「最も働きたい企業」に選ばれたこともあり、職場での待遇とオフィス環境はピカイチと言えそうです。飲食スペースで無料で提供されるドリンクやスナックはもとより、アートが飾られているオフィスや育児支援などの福利厚生も充実しています。組織も相当フラットで、従業員間の３６０度評価など、ダイバーシティと公平性を重視する努力がなされています。

完全にウェブ系の企業なので、先のアップルなどとは社風も業務もかなり異なります。たとえば職種で言えば、世界最大のＳＮＳのメンテでは大量のエンジニアを必要としますし、主な収入の広告を担当するポジションは「クリエイティブストラテジスト」と呼ばれ、競合分析やブランディング、広告戦略の顧客への提案など、さながら広告代理店の仕事のようです。営業職は、顧客である日本企業の影響を受けるので、もう少しベタですが、これは他の企業でも同じことです。未だベンチャー気質が残っているので、フラットな組織で自分の実力と仲間とのチームワークで常にチャレンジしたい人には最適と言えます。

日本法人の採用は中途が前提なので、最低でも業界で5年程度の経験を積んでからプロフェッショナルとしての採用を目指すべきでしょう。一般的な転職元では、ネットワークエンジニアなどは国内外の大手企業から、ブランディング関連だと大手広告代理店やウェブ広告代理店など、大手外資系の経営企画やブランドマネージャーで英語に自信のある人が向いているようです。転職先も同じウェブ系の事業会社やセールスフォースなどの外資系のツールベンダーとなり、マーケティング関連では、外資系の事業会社への転職もあるようです。

ちなみにフェイスブックだけでなく、GAFAのオフィスや福利厚生、職場環境などは総じて良いです。その理由の1つに、採用に膨大な時間とコストをかけた優秀な人材に辞められては困るというものがあります。実際米国では平均在職期間が3年以下という数字もあるくらいで、かなり極端です（それだけ「行き先」に困らないという解釈も可能ですが）。同様の理由で、上司との面談を重視し、できるだけ会社で違和感を持たない人を採ろうと、企業文化とのマッチングをしつこくチェックしています。

その他のICT、テック企業

GAFAも最近はアップル（Apple）の代わりにネットフリックス（Netflix）を入れてFANG（ファング）と呼ぶこともあるようですが、それ以外にも忘れてはいけない元ベンチャーのマイクロソフト、IBM、SAPなどICTの大御所もあります。この辺りの企業は相当老舗なので、本グループでも少し製造業寄りのポジションとなります。GAFAほど刺激的ではないかもしれませんが、より安定した存在です。一方で、セールスフォースやズームなど、GAFAよりも新しいテック企業もあります。就職を考えている人は今一度、「どこを狙うか？」を自分の志向に合わせて考えてみるのも良いでしょう。

■製造業・素材

やはり製造業なので、他の業種に比べれば、よく言えば「安定」、悪く言えば「保守的」です。モノづくりが基本ということは、製品品質への保証・管理といった「確実性」が求められるので、その製造部門の影響はやはり社内に出ます。その意味では、営業部門は肉食系だが、全体では草食系に近い企業体質と言えるでしょう。ただ外資系であることは間違いないので、日本企業ほど保守的ではありませんし、組織もよりフラット、個人の自由度も高いです（人事の管理が個人単位なので、当たり前ですが）。また後述する外資系企業の共通点は全て当てはまります。

このグループは今までの本文の中心企業グループなので、ここでの詳細説明は割愛したいと思います。ただ次に書く「業界や企業を問わない共通点」はぜひご一読ください。

■業界や企業を問わない共通点

本書を執筆するにあたり、外資系日本法人で活躍するさまざまな企業の人たちの話を聞きました。そして、溜まったメモを見ていると「あれこの話、誰のコメントだったっけ？　何度も聞いた気がする」「この話、昨日も別の人から聞いたな」といったことがとても多くありました。そして、そのような場面に何度も遭遇し、「なぜこんなに共通点が多いのだろう？」と考え始め、共通項目をまとめてみました。その結果が本節です。
各企業により深いか浅いかの程度の差はあるものの、ＧＡＦＡや金融、テック企業、製造業などほとんどの外資系（正確には欧米系）の日本法人に共通している部分です。一部別の章とダブりますが、まとめる意味で改めて箇条書きしたいと思います。

個人主義に基づくジョブ型管理

そもそも個人主義の強い文化圏の企業が多いので、基本は個人ベースでの人事管理です。また業務管理も特定の業務やポジションに対するスペシャリストの採用です。そのため日本法人の人材獲得は、ある程度の専門性を持った中途採用社員が中心となりますが、新卒であっても、大学の専攻を基に必要ポジションに割り当てるので、同様の方法を取ります。この辺り、従来の日本企業が得意としていたジェネラリストの採用と養成の対極をなすものです。

いま日本では、組織ポジションの業務内容や要求能力をもとに採用や人事考課をおこなう「ジョブ型雇用」か、従来の日本企業の伝統であるジェネラリスト中心の「メンバーシップ型雇用」かの議論が盛んですが、欧米企業はもともとの企業運営がジョブ型で、そもそもそれが常識なので、メンバーシップ型の企業組織にジョブ型管理を導入して、社内が混乱するといった問題とは無縁です。

文化・社風の重視

本項に登場する全ての企業が企業文化を非常に重要視していました。グローバル企業では、人種の多様性は当たり前。社員のダイバーシティも尊重します。それゆえ逆に「我が社らしさ」が必要となります。特に米国企業は、そもそも本国が多民族国家なので、求心力としての社風へのこだわりが強いと思います。また採用する社員が自社に合う人材かどうかも「カルチャーが合うか」といった表現で確認します。モノカルチャーに近い日本企業からは想像できないほど、「カルチャー」や「〇〇ウェイ」といった会社の規範を求めます。

フラットな組織・少数精鋭・大きい個人の裁量

業界で程度の差はあるものの、日本企業に比べれば組織はフラットです。社長やCEOは雲の上の人ではありません。男女格差も基本ありません。女性管理職はさすがに比率50％とはいきませんが、日本企業よりはかなり多いです。

個人の裁量も大きく、ただし責任も同様に大きいです。これは少数精鋭を標榜するからでもあるのですが、それゆえに1人当たりの業務量はかなり多いです。自由度は高いが自己責任も伴う組織です。働かない、結果が出ない従業員を養う余裕は組織にはありません。なので、従業員個人としては、ストレッチを心がけて、自分の実務能力を常に磨く必要があります。

人事の基本は「個人」ベースの成果主義

「ジョブ型」の企業風土なので、管理の基本は集団ではなく、個人です。ジョブディスクリプション（職務規定書）に基づく業務と従業員管理なので、個人ベースでの目標設定と達成度の確認をおこないます。人事考課は個人の成果や成長の確認が中心ですが、会社の業績も反映させる成果主義です。評価は通常3〜5段階でおこなわれ、一番低い評価を受けた従業員は上司や組織から改善指導を受けます。それでも改善が見られない場合は、無言の圧力が周囲にでき、本人がいづらくなり辞めるケースが多々あります。あるいは企業が退職パッケージを用意して自主退職を促すケースもあります。Up or Out は、企業により程度の差はあるものの、存在すると思ったほうがいいでしょう。その意味では、やはり競争社会。競争が好きな人、競争に耐えられる人のほうが向いています。また、自宅でのリモートワークやフレックスタイムを導入している企業がほとんどで、ここは本社からの影響もあるでしょう。

グリーディ

日本語で言えば、「貪欲」「強欲」などあまりいい意味になりませんが、ここはもう少しポジティブに考えて、「物事に食らいついていく貪欲さ」とでも言いましょう。会議やイベントなどでもきっちり自分の意見を述べて、議論に食らいついていくこと。自分の主張や意見を明確に伝えて、目的を達成する粘り強さ。こういった貪欲さが求められます。

日本人はこの辺り、やはりアッサリ和食系なので、コテコテのフレンチやイタリアンは苦手な人が多いと思います。しかし、ケンケンガクガクの議論をする欧米人相手にアッサリ系は通用せず。時には彼らを言い負かすくらいの粘り強さも必要ですし、仕事のやり方においても同様です。決して個人の収入を追い求めるような貪欲さではなく、仕事への姿勢と理解していただければ幸いです。

コミュニケーション能力

低コンテクスト文化の組織で仕事をするケースがほとんどなので、同じ会社であっても相手と共通の「常識」を持てることは稀ですし、議論を通じて業務を進めるのが基本。そこで「相手に自分の意思を上手く伝える」「喧嘩ではなく、スムーズな議論で相手を説得できる」コミュニケーション能力が問われます。特に経営層など、強いリーダーシップが要求されるレベルを目指すなら、説得力に溢れたコミュニケーションが取れるようになる必要があります。コミュニケーション能力はさまざまな文化を内包する多様性に富んだ組織のリーダーにも要求される基本的な能力なので、決して外せない基礎能力と言えるでしょう。

日本人っぽくない人が「普通の人」？

個人を尊重する文化（そもそも欧米は個人主義なので、普通のこと）なので、日本企業で浮きがちな個性でも受け入れてくれる土台があります。もちろん能力があればという前提ではありますが。

本書でも頻繁に「個人」や「個人主義」という単語を使いましたが、ただしそれは「好き勝手をしていい」ということではありません。先に書いた「自由と自己責任」ですし、個人を尊重するゆえに、チームワークを作ること、従業員間のコミュニケーションには神経を使っています。従業員においても、同僚や上司・部下とのコミュニケーションでは高い能力を期待されます。チームワークにおいても、なんとなく皆で集まり事を起こすのではなく、プロが集まりそれぞれの専門能力を活かしてチームを作る、「サッカー型」のチームワークが期待されます。

以上、外資系企業の業界特性と共通点でしたが、就職で自分に合う会社を見つける、あるいは興味ある会社の社風を知る一助になれば幸いです。企業との出合いで重要なことは、やはり「相性」だと思います。そのため、その会社のカルチャーが自分に合うかどうか？　そもそも職種的に自分には何が合っているのか？　などと自問自答してみるのもいいでしょう。

「3年後の目標」が重要なわけ

■外資系企業では「アップ・オア・アウト」を覚悟する

最初に言っておきますが、外資系日本法人でも長期に勤務する人もいますし、定年をそこで迎える人もいます。そこは、業界特性、企業特性、職種などによっても異なりますし、日本法人の歴史が長く日本に定着しているような企業では、一般社員のレベルでいる限りは生涯雇用も問題ないでしょう。実際に私が社長をしていた時代でも、定年後に再雇用となった人も何人かいました。私自身も15年で退職しましたが、自ら辞めなければあと2~3年はいられた気がします。

しかし、就職先として外資系企業を再度考えた場合、Up or Out が問われる部門も存在します。たとえば前線の花形の営業職。数字で自分の実力がはっきり出てしまいます。業種で言えば、コンサル系企業や金融系、IT系外資系企業。ややコンサバなメーカー系であっても、中間管理職以上になれば必ずこの Up or Out に直面する場面があります。それは、もともと生涯雇用を前提として制度設計した村型の日本企業に対して、外資系企業は個人主義が前提で、「優秀な人材はいてほしいけれど、社員の何割かは辞めるもの」という暗黙の常識を持っているからです。

「暗黙の常識」と書きましたが、日本企業でも、人員削減への抵抗感が昔ほど高くない現代では、「そもそも一生、1つの会社に勤める必要があるの？」という根本的な疑問を持つ人が、特に若い世代では普通になっているでしょう。あなたが草食系で汎用性の高い職種（財務経理や法務、人事、技術系）ならあまり気にする必要はないと思いますが、もし「上に昇りたい」「将来は社長やCEOになりたい」「常にチャレンジをしていたい」と考えているのなら、出世という「食物連鎖の頂点」に肉食系動物として立つ覚悟は必要です。これがUp or Outの世界です。

本書で何度か書いた通り、あなたが取締役や契約社員ではなく、正規雇用の従業員である限りは、会社はそう簡単には解雇できません。せいぜい退職金を上積みして（パッケージ）、あなたに「自主退職」をお願いするのが関の山です。しかし、あなたが、上昇志向が強くバリバリやりたい人だった場合、しかも職種が事業責任者や営業のように日々結果が出る職種であった場合、同じ評価やタイトルに長く留まることは心情的にもできないでしょうし、会社もそのような目で見ています。

結果、自ら「Out」を選択して、あるいは望まずとも自分を取り巻く環境がそんな雰囲気になるでしょう。平たく言えば会社が面白くなくなり、「やり直すことも選択」と考え始めます。「ひょっとしたら、もっと自分に向いている業界や企業があるかもしれない」「職種的に今やっていることが本当に自分に向いているのか？」など自問自答する場合もあり得るでしょう。

また別のケースとして、あなたが社内的にも評価が高く、将来有望と自他ともに認める社員であっても、上のポジションが詰まっている場合、なかなかプロモーションされずに、つい「外で正当に評価してもらおう」と考えることもあり得ます。

■「3年」をめどにキャリアのPDCAを回し続ける

話は変わって、私が大学卒業を目前に就職活動をしていた時のことです。ある企業で「定年退職したら何をしたいですか?」と人事部の面接官に聞かれたことがありました。一瞬「えー、一体何を聞くんだよーこの人」と思ったのですが、「明日まで生きるのに精一杯で、そんな先は考えていない。それが若さだ」とかなんとか答えたら、見事に面接で落とされました。

私見ですが、20代前半の人間がそもそも定年後の人生設計などしていないし、そんな先のことをスラスラ答えられる若者がいたら気持ち悪いですよね。

また、40代の頃に「俺は定年になったら第二の人生で家具職人になる」という人に出会いました。その時の感想は「なぜこの人は今チャレンジしないのだろう?」でした。多分その人の考えは「退職金をたっぷりもらってそれから」だったのだと想像しますが、その後20年以上も思いを抱いて過ごしていく人生なんて想像できませんでした。

「自分のあるべき姿をイメージで描く」ことは、自分のキャリア形成上とても重要ですが、「天下を取る!」という大志は別として、20年や30年先の目標設定というのは無理があると思います。「子供の頃からの夢」といったような特殊なケースを除けば、今の業務の延長で考えられる現実的なマイルストーンは3年。一足飛びにできない大きな目標でも5年程度ではないでしょうか？

自分自身の過去のキャリアを考えても、3年、5年は結構意味がありました。自分もさまざまなキャリアを積んでいくなかで、転勤であったり、ポジション変更であったり、昇進であったりと、内容はさまざまですが、最長でも3年に一度は何か変化がありました（「石の上にも3年」とはよく言ったものです）。

その経験からも、毎年の人事考課以外に、自ら3年の目標を立てて、ＰＤＣＡを回すことをお勧めします。1年目は慣れる期間、2年目はノウハウや知識を充実させる期間、3年目で完了、といったイメージでしょうか？

昨今はビジネスのスピードが上がったので、2年くらいの節目でもいいのかもしれませんが、いずれにしても1年は短すぎます。実際事業計画を考えても、中期は3年、長期は5年くらいのレンジを意味するので、この単位で自身のキャリアを考えることは理にかなっていると思います。

3年ごとに自分の在り方を考え、新たなチャレンジをしていく、もし2年で達成できたのならそれでもよし。次のチャレンジに進めばいいのです。

余談ですが、中途採用面接をしていると時々、1年や2年で頻繁に会社をかわっている人に出会います。こういう人の場合、まずは「こらえ性がないのかな？」と疑い、次に「ここに書いてある実績、そんな短期間でできるわけがないよな」と考え、質問攻めにします。

新しい職場や業務にチャレンジした場合、普通は慣れるのに1年、2年目で改革や積極的なアクション、3年目でやっと定着。これくらいが標準です。それをプロセスの途中で投げ出す人は、「やったつもりになっている」と思ってしまいます。このタイプの人は、コロコロと外資系企業を渡り歩くいわゆる「外資ゴロ」にも見えますし、1つのことを完結させるのが不得意な人、人間関係構築が下手な人とも思われるでしょう。

転職は自分を磨くための手段の1つですが、「今の仕事が嫌だから」「なんとなく面白くないから」「そろそろいづらくなったから」といった後ろ向きの転職は成功しません。そもそものような後ろ向きの考え方しかできない人は、外資系どころか、日系も含めた企業の組織活動そのものに向いていないと思います。

■会社側が想定する「ストレッチ」期間も2〜3年

本題に戻して、なぜ「2〜3年」と書いたかのもう1つの理由、会社側の都合について少しお話しします。会社が優秀な社員を育成しようと考えた場合、大体2～3年のレンジで考えます。「優秀な人材に着実に成長してほしい」会社側としては、人材育成に必要な期間、あるいは本人のチャレンジにおける「ストレッチ」の成果期間を念頭に置いて考えます。ストレッチとは、ジムでもやっているように、「少し無理をして」「少し背伸びをして」、自分の能力を上げる行為を指します。肉体もそうですが、人の能力も「ストレッチ」することで、昨日とは違うものになります。

人材育成プランの件で人事部や役員と話している時によくあった会話は、「1年目でストレッチ（業務チャレンジ）をさせてみて、2年目に成果を確認して、3年目に新しいポジションにつけよう」といったものです。実質は2年で、3年目は次のチャレンジとなりますが、「育てたい社員」をいきなり未知のポジションにつけて、こなせなかったら「やっぱり彼・彼女はダメだ」というのは残酷すぎます。ましてや従業員の解雇がほぼ不可能な日本で、急ぎすぎて、あるいは何も考えずに有能な潜在能力を持った人材を潰すことは、採用コストも含めて大きな損失となります。

そのため、「ストレッチ」での自分のキャリア形成をまとめてみると、次のようになります。

●3年で今の業務・ポジションの次を考える。それを完全にこなし、改善もし、ステップアップを目指す。もし何も変わっていなければ、「何が原因か？」を考える。自分なら自己改善。職場環境なら異動願いか転職を検討。

●5年の目標はもう少し大きく。たとえば「役員」とか「社長」とか、あるいは「独立」でもいい。5年で振り返り、自分の大きな進歩、成長を確認する。参考になるロールモデル（目標になる人）を社内外で探してもいい。

この後に10年の節目もありますが、そこは結果論の世界なので、わざわざ書きません。ただ、もし過去の自分を振り返ってみて、「俺も・私も進歩したな～」と思えれば成功したキャリアと言えるのではないでしょうか？

外資系企業の経営者を目指す人のために

■経営者になるまでに経験した3つのフェーズ

もしあなたが外資系企業のトップを目指している、あるいは現在そのポジションにいるのなら、伺います。

「それが人生の最終目標ですか?」

「それは人生の1つのステップですか?」

答えは人それぞれだと思います。その業務にコミットしている限りは、全力であたるのが当然ですし、変な邪念は持つべきではありません。とはいえ、過去の平均的なトップの任期や他社事例で考えれば、「大体いつ頃まで自分はいられるか?」はおのずからわかるものです。外国企業の場合、上に行けば行くほど交代のリスクは高まり、米国の大統領のように、「トップがかわると、自動的に部門責任者もかわる」ことも珍しくありません。日本のトップになれる王道があるわけでもなく、またそこへの経路は人それぞれですが、それを「ゴール」と考えるか「1つのステップ」と考えるかで、あなたの人生設計は変わってきます。

そのため、あくまでも一例ですが、私のキャリアに関して少し話したいと思います。

図5は私の今までのキャリアです。要点だけまとめると、次のようになります。

- 10~15年で会社と業界のフェーズが変わっている。
- 現在までのフェーズは3つで、①実務やマネジメント基礎の習得期、②マネジメ

［図5］

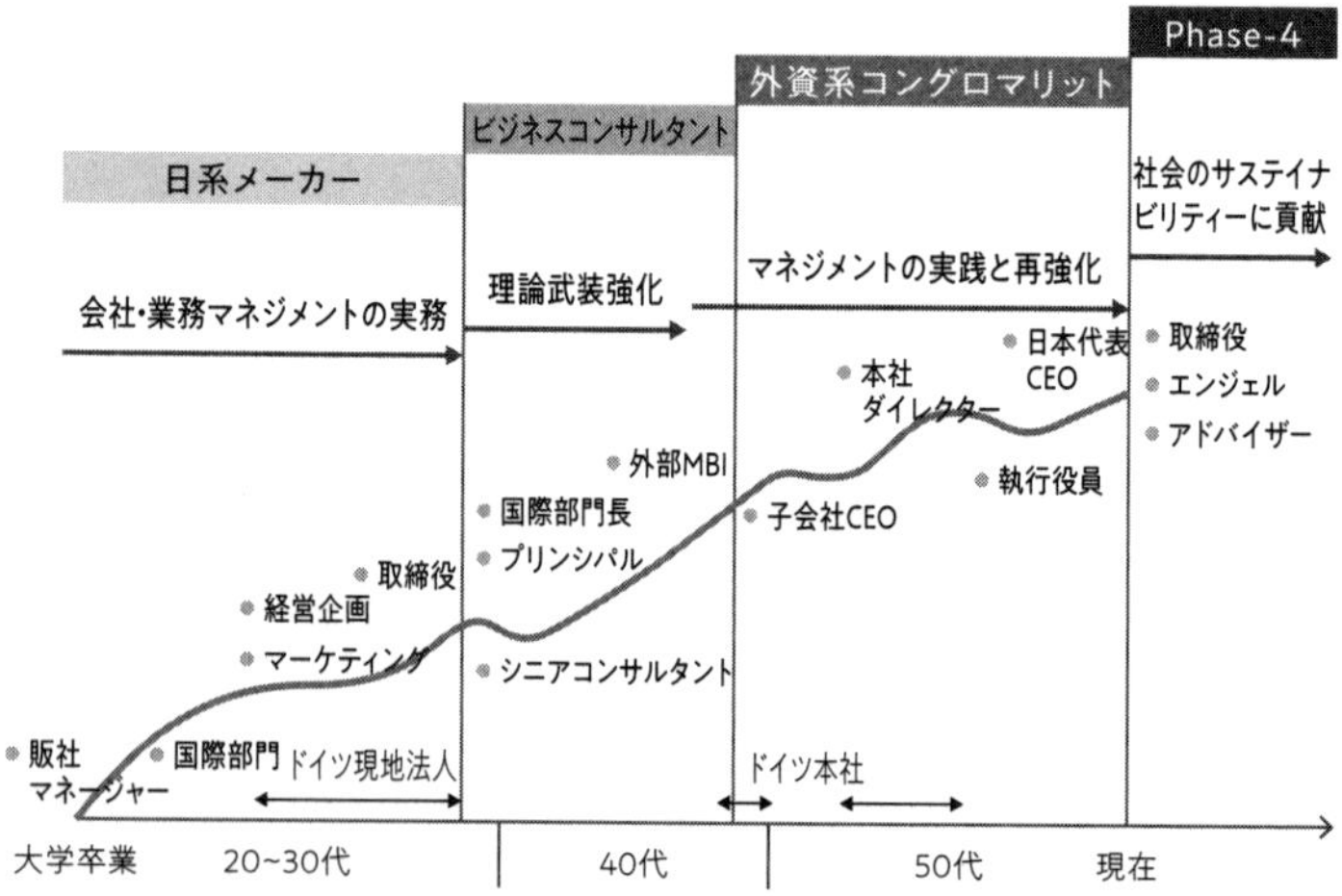

ント能力のブラッシュアップ期、③マネジメントの実践時期となる。

● 大体、3～5年で大きな変化（転勤やタイトル変更）が起こっている。

● どのフェーズでも必ず「恩人」や「メンターのような人」がいた（これは図には書いていません）。

以下、3つのフェーズについて（恥ずかしさもありますが）詳しく見ていきます。

■①実務やマネジメント基礎の習得期

1つ目のフェーズは、よくある海外赴任物語です。

大学を卒業して新卒で入った企業では、急成長の真っ只中で人が足りなかったために、20代から30代後半までの若い時期に貴重な経験を沢山させてもらいました。特徴的なことを書けば、国内営業でいったん鍛えられて外に出たこと、10年という長い期間ドイツに滞在したこと、30代で現地法人役員となり100名以上への法的責任を持たされたことなどでしょうか。

私の社会人としての原点は今でも、初めに経験したベタな国内営業だと思っています。もともと海外営業へ配属予定だった私は、当時の事業責任者の指示で国内営業に出されました。滅茶苦茶に厳しかったですが、現場の第一線の経験は本当に貴重で、加えて20代で小規模ながら販売会社でのマネジメントをさせてもらえたことは、その後の海外赴任でどれほど役に立ったか計り知れません。社長宛の暑中見舞いに「そろそろ海外にお願いします」と書いて出したら、1年後には本当に海外営業に配属してくれたという思い出もあります。

自動車部品業だったので、日本人で初めてカーナビを欧州に導入したことや、有数の欧州自動車メーカーを訪問できたことは良い経験でした。私のマネジメントスタイル、外国人との付き合い方、現地法人の経営等々、さまざまなことの原点と基礎がこの時代に作られました。また、鶴の一声で私を国内営業に配属させた方は大恩人で、退職後も定期的にご挨拶に行きました。

「企業（事業）の成長に乗っかり、自分も成長する」という公私がシンクロした幸福な経験をさせてもらいました。

20代前半は無我夢中。20代後半から30代は、とにかく「学び」の時期。なんでもトライして、なんでも吸収できる時代だったと思います。

■②マネジメント能力のブラッシュアップ期

2つ目のフェーズはビジネスコンサルタントです。

10年ドイツで過ごし、「さて次に何をしようかな？」と考えていました。今の会社に残るのも悪くはない。でも国内（本社）は窮屈そう。先のキャリアもあまり魅力的に見えなくなりました。そのため欧州で事業を見つけて日本でその事業を起こそうと思い、いくつかの会社に話をつけてから日本に帰国しました。誰もが知っている北欧系の大型店舗の会社にも手紙を書いたのですが、こちらはさすがに丁重なお断りをいただきました（当然なのですが、どこの馬の骨ともわからない日本人の若造からのレターに返事をくれたことには結構感激しました）。

結局ドイツのアントレプレナー賞を受賞した会社を日本に引っ張ってきて、チェーン展開するつもりだったのですが、この野望は露と消えました。当時（1990年代）

はインターネットも不完全。ネット接続はまだ一般回線でやっていたような時代。Googleもなくネット上の情報は皆無。完全に情報不足で、事業のコアとなる製品が日本での輸入規制対象であることを知りませんでした。

そういった、でこぼこスタートの第2フェーズだったのですが、結局は次点で考えていた金融系のシンクタンクにもぐりこみました。駐在員時代に米系コンサルティングファームの知り合いが何人かいました。彼らと話しているうちに業界に興味がわき、また自身も異文化マネジメントで苦労したことから、自分が実践で悩んだマネジメントの数々を理論立てて、体系的に考える良い機会だと思い、トライしました。

全く異なる業界。しかも周りは超高学歴。最初からシニアだったので、案件を取ってきて部員を食わせなければなりません。そのため初めはとても苦労したのですが、後半は民間企業向け国際コンサルティング部隊を率いるようになり、経営戦略、人事戦略、海外進出、M&Aなど海外絡みの業務はなんでもやりました。奇遇ながら、ドイツの駐在員時代に通っていた日本料理店の事業性評価をその親会社から受託して、結果的には自ら昔お世話になったレストランを閉店させたという後味の悪いこともありました。

このシンクタンク、とてもユニークな給与制度を持っていました。社員1人1人が損益計算書を持っていて、稼がないと収入が激減する仕組みでしたが、稼ぐとボーナスが半端でなく、社長より年収の高い社員も私を含めて何人かいました。厳しいがとても自由で面白い会社だったと思います。ここでも私を信頼して任せてくれる尊敬すべき上司がいました。その人からは「任せるとはどういうことか?」を学んだ気がします。

この時代、まだまだコンサルタントの実態は「超労働集約型」で、知恵を売っているにもかかわらず、超長時間労働は当たり前。会社に泊まり込みもしばしばある世界でした。仕事が好きだからなんとかもったものの、10年勤めてまた「そろそろ何かしようかな?」と考え始めました。

背景の1つは「コンサル50歳定年説」。相当タフな仕事なので、知力以前に体力勝負(あくまでも「当時」の話です)。40代も半ばに差しかかっていたので、結構きつい。72時間ほぼ徹夜して、レポートを仕上げて、お客さんの前でプレゼンをしていた時は、説明しながら意識が飛んで、立ったまま寝そうになったこともありました。コンサルタントの位としては最高位のプリンシパルだったので、本当は「部下をこき使い、自分は楽をして、下から搾取する」といった手がないわけではありませんでした。しかし、自分が立ち上げたに等しい部門で、部下も皆可愛いとなれば、なかなかそこまで資本主義の原則に乗っかったワルにはなれませんでした。

そんななかで出会ったのが、当時GE（ゼネラル・エレクトリック）のCEOだったジャック・ウェルチの本と、IBMのCEOだったルイス・ガースナーの本でした。ジャックはGEの生え抜き、かたやルイスはコンサル出身で、全く異なる経歴ですが、2人に共通していたことは「経営戦略や事業ポートフォリオ変革で企業を大変身させた」ことです。もともとはコンサルのネタ探しに買った本。でも読んでみると2人とも48歳でCEOになっているではありませんか！「おーこれだ！俺も48歳までに社長になるぞ！」となんの裏付けもないのに、勝手に目標設定。当時は45歳だったので3年間の猶予です。

その頃、日本最大級のベンチャーキャピタル（VC）から、投資先の事業評価をしてほしいという依頼が舞い込んできました。自分のバックグラウンドはやはり製造業。ちょうどその企業もEMS（製造を委託されて製品をメーカーの代わりに製造するサービス。ホンハイやフォックスコンが今は有名）ということで、2年契約ながらMBI（マネジメント・バイ・イン。買収した企業に、経営者を外部から送り込むこと）でその企業の取締役になりました。10年間もコンサルをしていたので、「製造現場」の感覚を取り戻す必要もあり、渡りに船の話でした。

出資者がＶＣなので、現場での経営以外にも、その企業を上場させて株を売却（イグジット）するまでのシナリオ作成のお手伝いや、出資者への事業説明会などでＶＣをお手伝いしていました。そこに現れたのが、超有名なドイツ企業の子会社である自動車部品メーカー。買収希望だそうなので、唯一英語とドイツ語が話せる経営責任者として交渉の窓口になりました。会社の事業説明や企業価値評価への情報提供などをしながら「ウチは安くないよー。何せ技術があるからね」とかハッタリをかましまくっていました。そこでまたまた、思わぬ出来事が。知り合いのヘッドハンターから電話がかかってきました。

ヘッドハンター「ドイツのある自動車部品メーカーが日本の社長を探しているんだけど」

私「おーそれは○○（会話は実名）では？」

ヘッドハンター「え！　なんでわかるの？」

私「だって今買収交渉している相手先だもん」

という非常にエキサイティングかつ冗談のような会話が交わされました。ちょうど47歳の時でした。

結局その後、48歳ドンピシャでそのドイツ企業の日本法人社長になりました。長い人生でも、ここまで偶然が重なったことは最初で最後でした。

40代は、今まで学んだことのブラッシュアップと関連する事柄の再学習。知識や経験に磨きをかけて大きくする時期だったと思います。

■③マネジメントの実践時期

3つ目のフェーズは外国企業勤務の話です。

初めての外資系企業。しかも社長。張り切りました。ビジョンを作ったり、戦略を考えたり。当時のドイツ人上司（当時はアジアのプレジデント）とはその後、彼がドイツ親会社の新CEOになり私が退職するまで、約15年間の付き合いが続きました。何せ子会社での社長選考の一次面接も、退職する時の最後の面談も彼でしたから奇遇なものです。これには運命を感じます。

この自動車部品事業の日本法人、就任した時は赤字連発の債務超過寸前。事業のボリュームが小さかったからなのですが、めでたく2年目には黒字体質定着。為替のおかげもあって、3年目には累損一掃と絶好調になったのですが、あっさり他のドイツ企業に売却されてしまいます。非常に愛着があったので、まるで自分の会社を他人の会社に売り渡すような気分になりました。

でも、1つ良かったのは、それまで「企業を買う」ことはあったのですが、「買われたこと」がなかったので、初めて「買われる側の気持ち」がわかったことです。買収時には「買われる側」に気遣いをしていたつもりでしたが、やはり経験してみないとわからないことは多々ありました。

自分の組織を買収側の日本法人に統合させて、少し社内も落ち着いてきて「そろそろ潮時かな〜」と考えていた頃のある日、元親会社の日本代表で懇意にしていたドイツ人から連絡が入ります。その結果、また元の会社、正確には親会社に戻り、ドイツ本社に勤め始めました。子会社の自動車部品会社の時もしばらく本社にいたので、3回目のドイツ勤務です。ドイツには東日本大震災が起こるまで勤務し、日本の事業戦略や日本企業とのアライアンス、M&A等を事業開発ダイレクターとして手掛けて、その後「日本に行け」と言われるまでいました。

そうして日本に戻り、エナジー事業のテコ入れ（というより、ほぼ立ち上げ）を執行役員でおこなったのちに社長になります。グループ企業の頂点に立つ会社の社長なので、医療機器、再エネ、エナジー事業などがどんどんカーブアウト（分社化）される中で、日本における代表として、グループ全体に関する渉外や経済団体活動にも従事できました。

ドイツ企業として、ドイツ大使館や駐日ドイツ大使、ドイツ商工会議所等には日本市場に関して話し、日本の法人としては、経済団体での委員会活動やマスコミとの交流も多々ありました。この「ある時はドイツの一員、ある時は日本の一部」という二面性のある活動はなかなかできないので、とても良い経験になりました。

またこの経験は、「日本の企業人として今後どう産業界や日本の課題と向き合っていくか？」という大きなテーマを私に与えてくれました。50代は、それまで自分が吸収してきたことの集大成。さまざまなことを具現化することで、また違った学びがあったと思います。

そして2021年以降にまた別のフェーズに移行する決心をしたわけで、今後は「サステイナブルな社会・事業」をテーマとして、スタートアップ企業や若手経営者への支援を積極的におこなっていきたいと考えています。

■経営者として一番腐心したこと

蛇足的ですが、「事業成長と雇用の確保」について書かせてください。日本企業とドイツ企業の両方で、私は現地法人でのマネジメントを経験しており、両国での経験を合計すると約25年になります。その中でやはり一番腐心したことは「雇用の確保」

でした。誰だって自分が採用した人間、職場の同僚に「（自主）退職を考えてください」とは言いたくないし、仮に人員削減をしても、成長期にまた採用しなくてはいけない手間を考えれば、「無駄な作業」にすら思えます。

ただ、本社から見た現地法人の位置は「支店」ですから、本社決定がいかに理不尽であっても従わざるを得ない場合もあります。そのため、「成長による雇用の確保」が現地法人経営で常に念頭にあった行動原理でした。

損益計算書で言えば、単純な理論ですが、「従業員給与は固定費→固定費をカバーするのは粗利→粗利率を一定とするならばその金額を増やすのは売上」ということで、「成長なきところに雇用の安定はあらず」という原則論に行き着きました。そのため、この哲学を「どうして売上を伸ばさなきゃいけないのですか？」「事業の成長って本当に必要なのですか？」といった従業員からの質問に対して、いつも説明していた気がします。

成長戦略でよく使った話は、「悪魔のスパイラル」と「天使のスパイラル」です。いつもパワーポイントにして、矢印がグルグル回っていく（スパイラルする）イラストで見せていました。「悪魔」のほうは、「売上・粗利が減る→人員を含む固定費削減をおこなう→組織の活動が鈍る→売上・粗利が落ちる」というどんどん下向きに落ちるものでした。対して「天使のスパイラル」は、「売上・粗利が上がる→人員増や固定費に投資できる→組織が活性化する→売上・利益が上がる」というものです。あくまでも現地法人というリーンな組織前提で、明らかに社員が余っている太りすぎの企業などには通用しない理論ですが、前職の自動車部品事業の立て直しをした経験からも、売上の限界点（クリティカルマス）を超えることによる急速な収益の改善という効果が体に染み付いたゆえの理論になっています。

従業員解雇（依頼退職）というものは本当に嫌なものです。ドイツでの経験も含めて言えば、弁護士との打合せの経験は多数ありますし、会社代表で法廷に立ったこともあります。良い経験でしたが、そのようなことはないほうが良いに決まっています。それを避ける意味でも、経営者は「サステイナブル（継続可能）な社会と会社」に関してもっと真剣に考えるべきではないでしょうか？　事業のカーブアウト（別上場や売却による切り出し）。利益と株主還元絶対主義。従業員調整の常態化。それらが普通におこなわれるグローバル企業での勤務経験があったからこそ至った哲学です。

おわりに——自分に合った会社、自立した個人

本書の執筆を終えて、最後に、全体を振り返って考えたことがありました。「オレはそもそもなんで外資系企業に転職したんだろう。しかも15年間も、よくあの異文化環境で勤めたもんだ」と。

転職した理由は、本文に書いた通り「48歳までに社長になりたかった」からなのですが、これは選り好みしなければ、日本企業でも可能だったと思います。「海外生活が長かったので、その環境が懐かしかった」からなのかとも思いましたが、それも日本企業に再就職して、海外駐在員になったほうがより近い境遇になれたはずです。いろいろ考えて出した結論は、「結局、性に合っていたから」というものでした。

外資系の日本法人と一部上場の日本企業を比較した場合、福利厚生の多様さでは間違いなく日本企業の勝ちです。海外で仕事をしたいと思えば、日本企業の海外駐在員になるのが最も近道です。「職場は楽しくて、皆と仲良く仕事をしたい」という希望も、外資系企業の職場では、与えられるものではなく、自ら作る努力をするものです。それでもなお、好きで勤めていた理由はやはり、そこが気に入っていたのでしょう。

「性に合っていた」ということをもう少し深く考えると、「個人の責任のもとでの自由さが気に入っていた」となります。「お客さんと会わない時はカジュアルウェアでいても誰も文句は言わない」「在宅勤務もちゃんと仕事をしていればオーケー」「実績を出している限りは、スケジュールも自己都合で決められる」「いつ休暇を取るかは、周囲に迷惑をかけなければ個人の裁量」「責任を持てば仕事でチャレンジするチャンスがある」「業務のかなりの部分が自分の裁量で決められる」など、全て「自由と自己責任」の世界です。それが自分のワークスタイルに合っていて、私に「自立した個人」の自覚と満足感を与えてくれたのだと思います。

もちろん「自由」への反動はいろいろとありました。特に社長になってからは、時差ゆえの夜の本社との会議はほとんど定例でしたし、休暇中もメールのチェックは必ずして（でないと休暇明けに何百通ものメールと格闘することになります）、常時持っていた会社のスマホも世界中どこにいても鳴り止みませんでした。朝の4時まで続いたグローバルの会議や墓参り中にお墓の横でやったオンラインミーティングは、今でも鮮明に覚えています。それでも「性に合っている」と思えたのは、自分が自由に自己責任で仕事をしていたからでしょう。

いったん自由の価値を知ってしまうと、集団論理のもとでの理不尽な不自由は我慢できなくなります。正直、「今さら不自由になるリスクを取ってまで、日本企業には行けないよなー」と思っていました。

私は、外国企業が良いとも悪いとも断言するつもりはありませんし、自分の性に合っていたからといって、誰にでも勧めるつもりはありません。それは、あなたが判断して決めればよいことです。また日本企業にも独特の良さを持っているところも多数あると信じています。私が唯一避けたかったものは、暗黙の雰囲気や集団の論理で個人に理不尽なことを強要するコンサバな組織だけでした。

あなたにとっての「良い会社」か「悪い会社」かは、国籍や業界、企業形態などではなく、「あなたが思う理想の職場に近いかどうか」で判断されるべきもので、平たく言えば「あなたと相性の良い会社」かでしょう。人や企業の特性はさまざまです。そのため、巻末にその参考となる事例や指標も載せておきました。

人は、人生でいくつかのイベントを経験します。就学、就職、結婚(離婚)、転居、出産、転職、死別。それらと同じく、企業人としてもいくつかの重要な転機が間違いなく存在すると思います。その時、私のように業界や職種を変えた人もいれば、同じ会社で新しいチャレンジをする人もいるでしょう。それは物事の優劣ではなく、あくまでも「その人の適性と社会人としてのこだわり」で選択されるべき話だと考えます。

では、「自分に合った職場、会社」はどこにあるのでしょうか？

今の日本の産業界を見てみると、閉塞感と活気がゴチャ混ぜになった混沌とした状況を感じます。戦後（あるいは戦前から）日本経済を引っ張ってきた大企業の事業戦略を読んでみると、ほとんど脳死状態だとしか思えません。トヨタを筆頭にいくつかの強力な企業は存在していますが、昭和の高度成長時代、その後の大躍進（「バブル」と呼ばれた時代です）と比べれば、全体的にはとても低迷している状況でしょう。

企業の価値（時価総額）で見れば、ピークで世界の3割あった日本企業の割合は今や1割もなく、30年前には6割以上を日本企業が占めた世界ランキングトップ50でも、ランキングされるのは今やトヨタ1社のみです。製造業に目を向ければ、従来の得意分野であった「大量生産による消費品」分野は中国に席巻され、お家芸と言われている産業ロボットや素材分野もいつまで勝てるかわかりません。

でも考えてみれば、日本企業が我が世の春を謳歌していた30年前、米国は類似の問題に直面していました。しかしその後、ＧＡＦＡを筆頭とするテック企業が台頭し、テスラやAirbnbのような有望なユニコーン企業（時価総額10億ドル超の株式未公開企業）が出て、現在に至ります。「歴史は繰り返す」です。

日本でも、30代の若手経営者やその予備軍と話していると、明らかに昭和の経営とは異なる、良い意味での異質の感覚、ベンチャー特有の情熱や外国企業に近い行動原理を感じ、夢や希望を感じます。まだまだ日本も捨てたものではないという気にさせられます。日本のユニコーン企業も今後も確実に増えていくと思います。乱暴な言い方をすれば、日本の産業も一度壊して、経営の新陳代謝を促せば、また再生できると感じています。「リスクのないチャンス」などあり得ないのですから、M&A、業界再編、スタートアップでの創業、転職・廃業による人材流動性の上昇など、なんでもありで作り替えればよいのです。「変わろうとして、それを実践している会社」ならば、あなたを「変革」の中に置いて、あなたが「自立した個人」となるきっかけを与えてくれると思います。

日本も遅ればせながら「グリーン成長戦略」で環境を中心とした産業政策を始めつつあります。本書を執筆している間にも、地球温暖化ガスや二酸化炭素排出ゼロ宣言が日本を含む各国政府から出されました。サステイナブルな社会という意味では、昨今のＥＳＧ（Environment, Social, Governance － 環境、社会、企業統治）やＳＤＧｓ（Sustainable Development Goals － 持続可能な開発目標）の動きも歓迎されるムーブメントです。これらの企業や社会の「変わろうとする」活動は、社会変革を通じた新たなビジネスチャンスを生み出します。たとえばモビリティー（鉄道や車）。30年後には、ガソリンの代わりに電気や水素を使い、人間が運転しなくていい自動運転車が当たり前になっているかもしれません。

これから社会環境が大きく変わるとして、自分の成長を期待できそうな企業について語るならば、「イキのいい会社を探せ！」「社員が生き生きと働いている会社を探せ！」です。ですから、「ストレスは多いが、自分を自立した個人にさせてくれる外国企業」以外にも、「まだまだ捨てたものじゃない日本企業」「これからの日本企業」などを探して、そのどこかでチャレンジすることも選択肢の1つだと思います。

こう書くと、「それはどこですか？」という質問を受けるでしょうが、その答えは「自分で探してください」です。今やネット検索でなんでも情報が取れる時代です。もちろん真贋を見極めるべきですが、それも自己責任です。自己責任で選べず、なんとなく紹介された会社に勤めて、「最後の踏ん張り」がきくでしょうか？　果たしてあなたは「幸せ」になれるでしょうか？

大企業だけが企業ではありません。イキのいいスタートアップや技術で世界に通用する企業もまだまだ探せばあります。もちろん大企業の中にも成長路線を再度目指しているところはあります。もがきながらも次の成長を目指している企業もあります。企業の寿命は30年。事業の入れ替えなどで変身できれば100年以上もちます。「チャレンジできる文化か?」「事業の成長と自分の成長のシナジーを期待できるか?」「伸びている企業か、あるいは伸びそうな企業か?」。それらを社会環境の変化とともに見極めて、見つけた外国企業と日本企業の優劣を冷静に評価して、自らの活路を見出してくださることを願って止みません。

また転職が普通になりつつある日本の社会。1つの会社に何十年も勤めることが稀になるかもしれません。そしてその世界では、あなたは自立したプロの仕事師です。プロの○○として(○○には、経営、営業、マーケティング、エンジニア、財務など、職種が入ります)、どのような「会社」というプラットフォームを選んで、自分を磨き、成長していくか? そのシナリオを書くのはあなたであり、主演もあなたです。「プロの仕事師」は自立した個人でもあります。何度も書いた「自由と自己責任」で行動できる「自立した個人」となります。「個」が出すぎて孤立しないように、他者とのコミュニケーションやチームワークにも気を使い、それらを大切にします。これが私の考えていた「自分のなりたい姿」の概念でした。

就職、転職、国内勤務、海外勤務、平社員、管理職、会社役員、会社経営者、独立自営業者。あなたの現在はどれですか？　私は人生で全て経験してきました。その中で常に考えていたのは「自分のなりたい姿・したいこと」でした。ある時は勤務地、ある時は職種、ある時は収入、ある時は権限と責任、いずれの場合も演繹法的に「こうありたい」と理想像を考えて、なんとか近づきたいと思ってきました。

あなたも本書の読後に、「自分のなりたい姿」を一度考えてくだされば幸せです。

付章

日本企業との違いをより深く理解する

組織文化を測る指標

■ホフステードによる「多文化世界」研究

本書で言及してきた「外国企業から見た日本市場や企業の特性」を簡単にまとめてみると次のようになります。

【前提】
日本市場と日本人は欧米型の外国企業からみればかなり異質――文化、言語、行動原理、市場特性など。

【文化的差異】
日本人の文化的特徴のあらわれる場所――農耕民族的発想、プロセス志向、高コンテクスト、リスク回避の傾向など。

【欧米系の外国企業とその日本法人】
狩猟民族的発想、成果志向、低コンテクスト、リスクを取ってもチャンスを積む傾向。

これらを踏まえたうえで、さらに「外国企業と日本企業の違い」を理解するために、本章ではいくつかの「文化を測る指標」を紹介します。異文化マネジメントの世界ではすでに古典的とも言える、ドクター・ホフステードの研究です。

彼はオランダの社会心理学者で、経営大学院ＩＮＳＥＡＤの教授でもありました。もうすでに鬼籍に入った人ですが、それまで定性的にしか語られなかった国ごとの文化的差異を、１９７０年前後にＩＢＭのグローバル組織を使って72か国で調査し、世界で初めて定量化し５次元モデルを発表しています。興味ある方は『多文化世界（Cultures and Organizations）』という古典的名作があるので一度読んで見てください。以前、著書で彼の指標を使う許可をもらった時に何度かやりとりをしましたが、非常に気さくな方だったという印象があります。

本題の前に、まず留意点です。企業であれ、国であれ、文化というものはその国の経済状況や政治、社会の変化に伴い変わるものです。ホフステードによるデータは50年前のものなので、あくまでも「絶対値」ではなく「傾向」として見たほうがいいでしょう。加えて、調査が実施された50年前は香港でしか中国の調査ができていないので、残念ながら現代の中国は出ていません。

[図6]

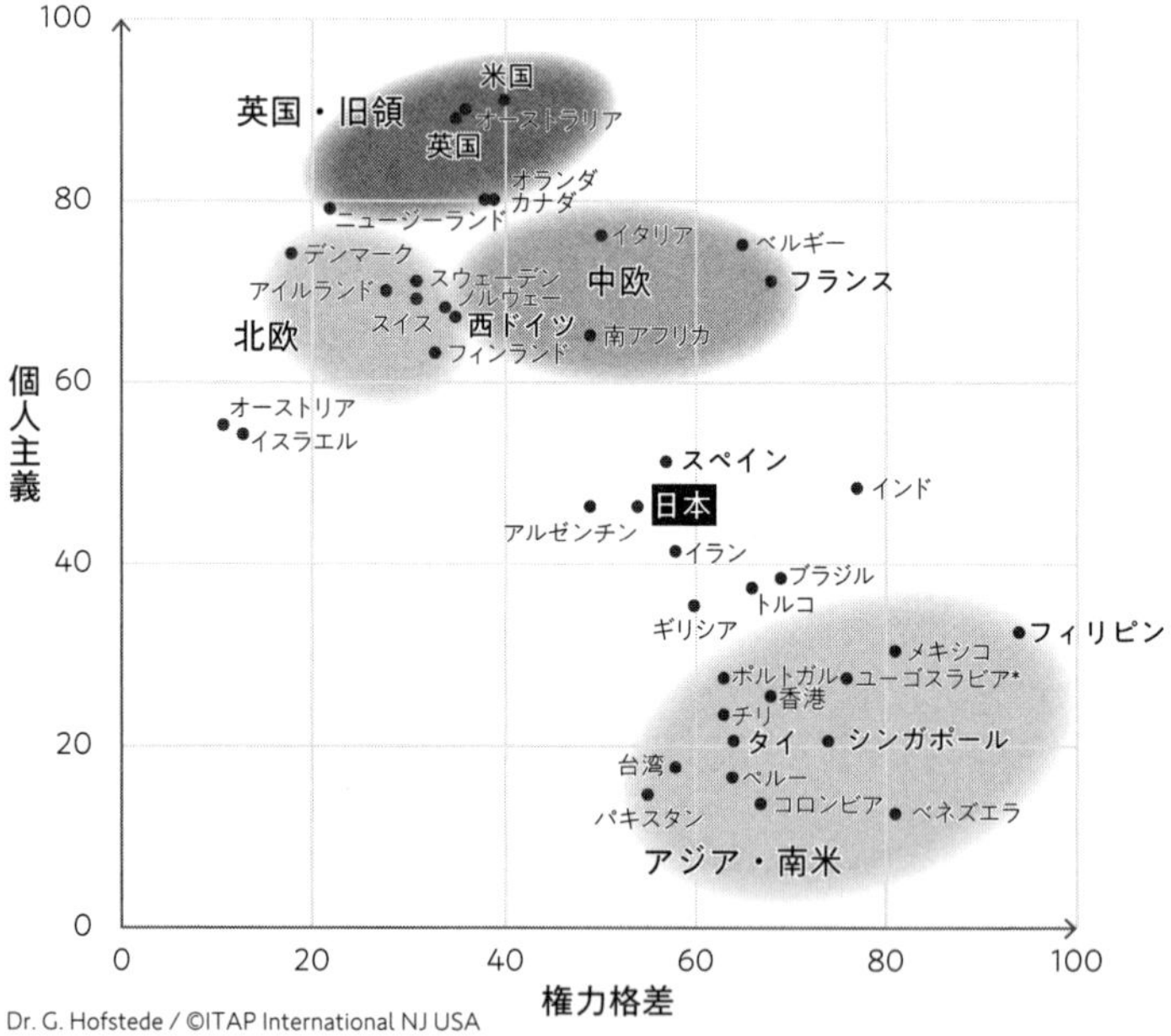

Dr. G. Hofstede / ©ITAP International NJ USA

本書の目的は文化を学術的に論ずることではなく、気軽に外資系の企業文化に接してもらうことなので、説明も日本といくつかの国にとどめておきます。

まずは図6を見てください。そのうえで、興味深い各種の指標に触れていきます。

■個人主義の傾向

図6の縦軸ですが、上に行くほど個人主義が強い傾向となります。逆に下に行った場合は「集団主義」が

強い文化となります。見事に日頃の実感を裏付ける結果となっているのですが、英国をはじめとするアングロサクソン系の国が最上位に位置します。多文化国家である米国もこのグループに入りますが、当時の米国企業、特に東海岸文化のＩＢＭとなれば従業員文化も白人に偏っていることは想像できるでしょう。

次のグループが欧州の白人国家です。中欧・北欧ともほぼ同じレベルです。特徴としては、「私」という個人を中心とした教育を受け、プライバシーも個人中心で核家族化が普通になっています。雇用に関しても企業と個人の「契約」の概念が強く、採用や昇進も能力中心で、個人と業務をつなぐジョブディスクリプションが一般的です。このことは組織への貢献や人間関係にも強く影響し、ジョブ的にもジェネラリスト志向であった旧来の日本企業のスタイルの対極と言えるでしょう。

昔の米国映画では、子供たちがレモネードを売って小遣い稼ぎをするシーンが時々ありましたが、これも幼少期からの「個の自立」という意味では納得がいきます。また、欧米の学校で子供に「親御さんの仕事はなんですか？」と聞いた時の答えは大抵、「経理です」「セールスです」「エンジニアです」といった職業で回答が返ってくると思います。

これに対して日本では、「トヨタに勤めています」「日立に勤めています」「電車の会社です」など、親が所属する集団（会社名）で回答するケースがほとんどです。子供がいる方は一度聞いてみるのも面白いでしょう。現代の中国のスコアがないと書きましたが、私的なビジネスでの付き合いと都心部前提で考えれば、中国は最も欧米諸国の個人主義に近い感覚を持っていると感じます（口の悪い人は「自分主義」とも言います）。

次に、個人主義スコアが低い（＝集団主義）グループに目を転じてみましょう。図表で言えば右下の部分であり、主要な東南アジア諸国と南米諸国が位置します。東南アジア諸国を訪問すると、昔の日本の雰囲気を感じる時があります。家族が一緒に住んでいて、農村では親戚すら同じ屋根の下に暮らしているケースもあります。ファミリーを大切にする家族主義的な社会が依然残っている東南アジアや南米諸国は、まさにザ・集団主義と呼べるでしょう。

さて、個人主義の上位と下位を説明しましたが、日本はどうでしょうか？　これが面白いことに、アジアと欧米の中間に位置します。個人的な意見ですが、昔の、たとえば明治時代の日本はもっと下にあったと思います。多分他のアジア諸国と同じグループにいたのでしょう。もともと家長主義で、大家族で暮らしていた日本ですが、経済成長、特に第二次世界大戦後の高度経済成長に伴い、「個」が他のアジア諸国より強くなっていったのだと考えます。

経済成長と核家族化、個人主義化にはある程度の相関関係があり、お金が十分に入ってくれれば、テレビや部屋、オーディオ、電話、地方では車なども家族の各人が個人のものを所有するようになります。そして個別所有は個人の独立意識を増長させます。こういった傾向は、日本の20代と高齢者の考え方を比較すれば容易に理解できるでしょう。

また、日本は大変な立場だなと思うのは、組織や企業文化には依然として集団主義が色濃く残る社会でありながら、能力主義や個人の目標管理などの個人主義的な人事制度導入にも熱心で、両者の軋轢の中での経営を強いられることがあるからです。

企業内で依然として集団主義な色合いが濃く残る生産部門に個人業績中心の成果報酬制度を導入した時に起こる混乱。あるいは事業のグローバル化に伴い、海外からの価値観に制度やルールを合わせざるを得ず、それによって混乱する本社。そういった問題と現在の日本経済の低迷、あるいは労働生産性の低さをどうしてもダブらせて考えてしまうのは私だけでしょうか？

集団主義的な組織に個人主義に根差したシステムを導入する、あるいは逆のパターンも、社会基盤に根差した文化との軋轢を起こす可能性が高いので、慎重に組織の受

[表1]

項目	個人主義	集団主義
アイデンティティー	**個人ベース** 「私」中心の教育を受ける	**所属集団ベース** 「我々」という教育を受ける
私生活	**個人のプライバシー重視** 核家族	**集団からの干渉** 大家族・集団生活
雇用関係	**雇用者と社員の契約関係** 個人能力で昇進	**雇用者と社員の家族的関係** 組織貢献で昇進
組織運営	**個人管理中心** 職務遂行優先	**集団管理中心** 人間関係と調和優先

容度を測り計画すべきなのです。

余談ですが、数十年前までは「個人主義」という言葉は日本ではネガティブな言葉でした。「あの人は個人主義だから」と言えば、「利己的で自分のことしか考えない人間」と同義の使い方でした。今は、「個人主義」と書いてもそうはならず、「個人が中心で、個人単位で物事を判断し、自己責任で実行する人」といった、本来の解釈が普通にできるということは、日本でも個人主義的な考え方がポピュラーになってきた証だと思います。

■権力格差

図6の横軸ですが、右に行くほど権力の格差が大きくなります。「権力」と書

くと構えてしまいますが、英語では「パワーディスタンス（power distance）」です。すなわち「上下関係の距離」と解釈すれば、わかりやすいでしょう。ちなみにホフステードの調査では「上司に反対意見を言えるか？」や「上司は意思決定スタイルで意見を求めるか」などの設問で距離を計測しているので、「風通しのいいコミュニケーション」的要素も入っているようです。

肩書きや権威主義的価値観が強いのが右側で、「親や教師・会社の上司の指示は絶対」「年長者や上位者への尊敬」といった権力や権威の重要性を教えるのもこの社会です。国別で見れば上位の国はやはり東南アジアや南米の国が多く、これは家族主義的社会の中で、おじいさんや長老といった「慈悲深い絶対的権力者」を頂点とする家族や村社会を想像すればわかると思います。面白いことに、欧米グループでもフランスは高い権力格差を持っていますが、これもかの国の権威主義を考えればさもあらんでしょう。

真逆にいるのが北欧の国々で、非常に小さな権力格差となっています。確かにデンマークやスウェーデンの会社と付き合ってみると、彼らは上下隔たりなくフランクに話していますし、普通にファーストネームで呼び合っています。一般に権力格差の小さい社会では、権威主義は弱く、不平等を是正しようとする傾向が強く、上位者に対しても気楽に部下と接する民主性を求めます。またこの傾向は他の欧米の国でも同様です。

我が日本を見てみると、アジアに引っかかりながらもフランスよりは権力格差が小さい、ほぼ中欧諸国の一員のような立ち位置です。

でも待ってください。調査対象はＩＢＭの日本法人、我々が「外資系」と呼ぶ企業です。ですからこれを読み解くと「外資系は、本国の欧米に近いフランクな組織を持っているが、純粋な日本企業はまた別のものである」となるのではないでしょうか？

もちろん、家長主義全盛で社会も大きな階層を持っていた明治時代に比べれば、社会がとてもフラットになり、親分肌の上司が減った分、フランクな上司が増えました。といっても、相変わらず上司を「社長」「部長」「課長」といった組織上の肩書きで呼ぶことは、未だにそれなりの権力格差が存在することを物語っていると思います。超高視聴率番組『半沢直樹』での偉そうな上司、絶対君主的経営者、権威主義的な役員会などは正に、権力格差が非常に大きい世界です。それを彼がひっくり返すのが痛快なのですが、銀行や政治という特殊な階級社会であることを間引いても、「ああ、日本はまだ権力格差が大きいな」と番組を見ていて思ってしまいました。

加えて言えば、権力格差の大きい組織では、定年後の再雇用が小さくない問題とな

[表2]

項目	権力格差が大きい	権力格差が小さい
アイデンティティー	**権威主義的** 肩書きや地位が重要	**平等主義的** 肩書きや権威より個人中心
私生活	**上位尊重** 年長者や教師への尊敬と従順	**年齢の意味希薄** 上下関係も平等で処理
雇用関係	**中央集権的** 独裁的だが慈悲深い上司	**分権的** 部下と気楽に接する理想の上司
組織運営	**管理中心** 特権や地位が大きな意味	**ジョブ中心** 地位より従業員の役割中心

ります。この間まで絶対的権力を背景にして部下に威張り散らしていた部長さんが定年再雇用で契約社員となり、指示を出すのは元部下。この状況で嘆いているサラリーマンが日本にはゴマンといる気がします。権力格差が小さく、もともとフラットな関係であれば、「今日から君がボスだよ」とニッコリ言えるし、部下も「元上司」の人格と能力を認めているので、いろいろ頼ってくると思いますが、なまじ権力に頼ったマネジメントをしていた場合は、その逆転現象からのショックたるや半端でないでしょう。

図6の日本の立ち位置を再度一言で確認するなら、西側諸国とアジア諸国の中間に位置する近代国家と言えそうですね。

[図7]

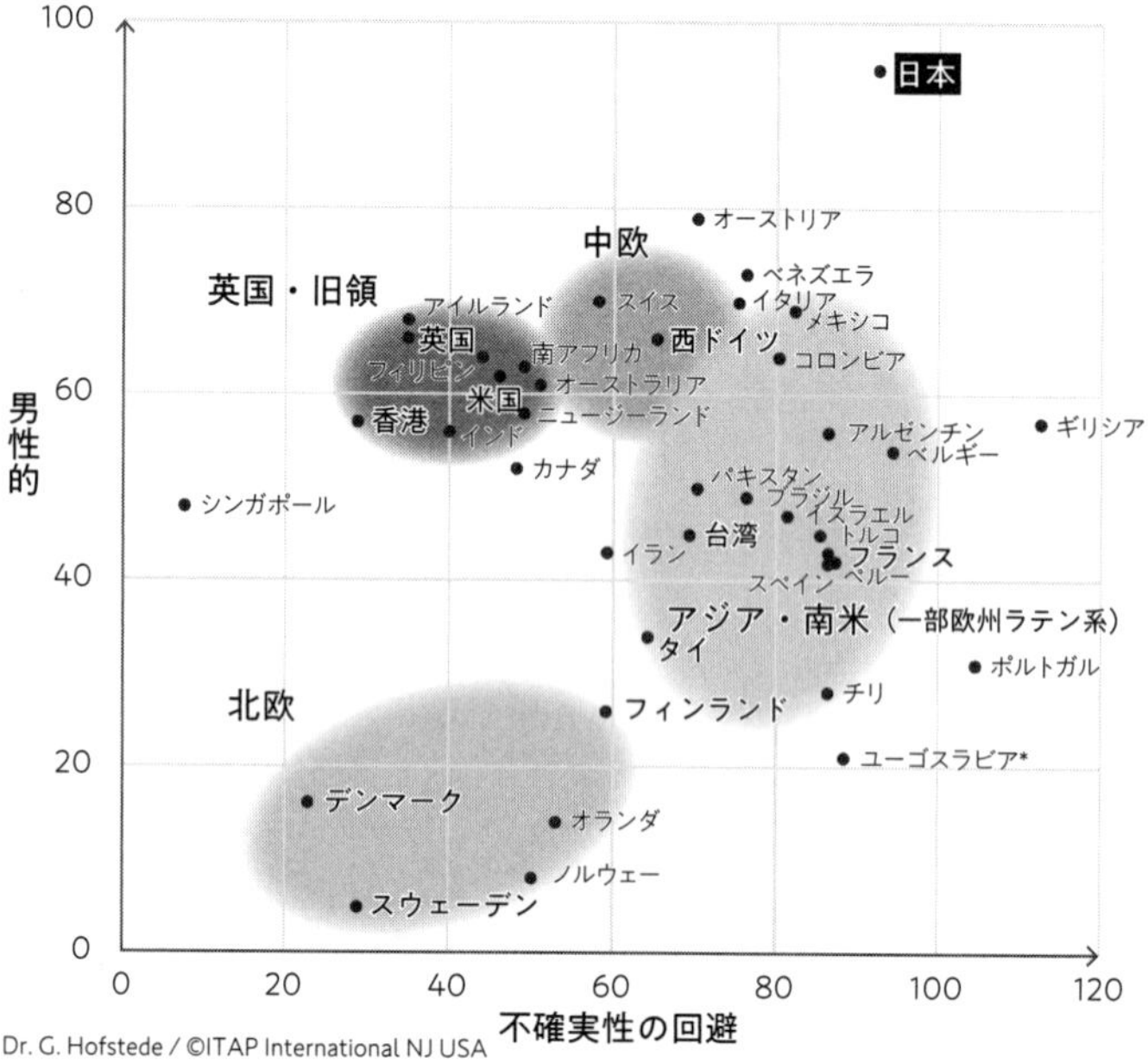

Dr. G. Hofstede / ©ITAP International NJ USA

「完全に西欧の白人にはなれず、かといってアジアの一部という意識、あるいはアジアでリーダーになろうとする意識も低い」。過去から現在に至る日本の中途半端な立ち位置と政治感覚をいろいろと考えてしまいます。

■男性的な社会

次の図7に移ります。この縦軸を見てみてください。その国や社会が「男性的」なのかどうかを表すスケールですが、この「男性的」

という表現、性別と誤解していろいろと物議を醸しやすいので、詳しく解説したいと思います。

もともとはホフステードの調査の時に男女間での回答差が出たために付けられた名称らしいのですが、スコアが低いほうは「女性的」となります。言葉に惑わされて少しわかりにくいので、対比させてみると、その関係は次のようになります。上が「男性的」で下が「女性的」です（くどいようですが、性別ではないことをご理解ください）。

強者への報酬　対　弱者との連携
経済成長　対　環境保護
軍事費　対　対外援助

なんとなくわかりますよね。「男は強いもの好きで闘争を好む」「女は弱者を労り協調的」と確かに一方的な定義ではありますが、話が進まないので、これでよしとさせてください。

この「男性的、女性的」で一番わかりやすいのは、男性スコアが低い（＝女性的な）な北欧での例です。充実した福祉制度や、高い税金と福祉制度への還元を通じた弱者への富の再配分などの政策は確かに「女性的」です。教育、医療福祉などを高い税金と引き換えに無償にしているわけですから、とても援助的だと思います。

アジア・南米諸国は中間値です。これらの国は家長主義で男性が強そうですが、大家族主義で女性は一家を支える立場での発言権を大きく持っていそうです。以前にタイの田舎を車で走っていたら、女性は一生懸命お店などで働いているのに、男連中は店先でゲームに興じている光景を見たことがあり、なんとなくそれを思い出しました。女性の社会進出とも相関関係がありそうです。フランスとスペインも女性がしっかりしている印象が強いので、なるほどこのグループなのかと思います。またフランスは西側諸国でも組合が強く、かなり社会主義的な要素も持っているので、それで納得できます。

北欧諸国に対して中欧諸国は中間以上に位置し、その差は顕著です。総じて英国やアメリカ、旧英国領の国で「男性的」スコアが高いです。これらの国々は、いわゆるアングロサクソン型資本主義の国なので、資本主義の原則に忠実で、拡大志向や上昇志向が顕著なのだと思います。

「男性的」スコアで圧倒的に1位なのが我が国日本です。最近はさすがにここまで高いとは思いませんが、調査が実施された時代がいけいけドンドンの昭和の高度成長期

[表3]

項目	男性的	女性的
アイデンティティー	**強者の理論** 強い社会や業績拡大	**弱者救済の理論** 成長よりも利益還元と調和
私生活	**権威的** 性別による役割分担	**調和的** 福祉的な価値観
雇用関係	**競争する集団** 拡大や上昇による利益還元	**調和する集団** 強者から弱者への利益還元
組織運営	**業績主義中心** 勝者が利益を享受する仕組み	**福利厚生中心** 利益を平等に分かち合う仕組み

ですから、売上やシェア拡大、大きな組織を求めるなど、極めて「男性的」な拡大志向期間であったことは確かです。

あの時代は「大きいことはいいことだ」とかテレビコマーシャルを流していたことを思い出します。その感覚は今でも残っており（その時代の人がついこの間までは上級管理職だったのだから当然と言えば当然ですが）、「御社の売上はいくらですか？」「御社の従業員は何人ですか？」といった「大きさ」を確認する質問は、「御社の技術や製品、サービスは？」を抑えて、今でも日本企業の挨拶代わりです。

権力格差の部分で銀行の例を挙げましたが、こちらでは一昔前の商社を思い浮かべます。労働関連法などなんのその、バリバリ働いてバンバン給料をもらう。そんなイメージでしょうか？　商社の社長さんに知り合いが何人かいるので一応弁解しておきますが、あくまでも「一昔前」です。でも個人的には嫌いではない世界です。その他を考えていて思いつきましたが、究極の業界（?）は多分軍隊でしょう。戦い、攻略、占領、拡大、男性的な言葉のオンパレードですから。

■不確実性の回避

図7の横軸で、右に行くほど不確実なものを嫌う傾向が強く、左に行くほど不確実なものへの許容度が高いとなります。いわば右に行くほど「不確実な事柄やリスクを嫌い」「安定を求め不確実な行動を避けがち」な特性を持ち、左に行くほど「不確実でもリスクを取ることを厭わず」「リスクを取ってでもチャンスを掴みに行く」傾向が強くなります。

印象として、地中海に面した暖かい地域でのんびり暮らしているイメージのギリシャが最も高いスコアを持っているのは意外ですが、思い当たる節がないわけではありません。労働人口における公務員の比率ですが、2010年に国家の財政危機に陥ったときのギリシャでは、公務員の数が労働人口の4分の1を占め、政府支出でも4割を占めていたという報道がありました。日本でも同じですが、公務員ほど「不確実性の低い職業」はないのでしょう（もっともギリシャでは国そのものが破綻危機となりましたが）。余談ですが、かの国では公務員職が世襲であったり、お金で買えたりするらしいとの報道もありました。

さて次に我が日本国について考えてみたいと思います。グラフではわかりにくいですが、日本は世界4位です。個人的にはこのスコアの高さに注目しています。第1章で書きましたが、新技術紹介時における日本のお客さんの質問ナンバーワンは「その新技術の日本での導入事例はありますか？」でした。これって前例主義ですよね。前例があれば自分が間違うリスクが減るし、組織での了解も得やすい。確かにその通りです。イノベーターになれないという一点を除いてはという残念なコメントも付きますが、無難であることは確実です。

この前例主義、古くは徳川幕府の行政機関にも書院番という職種があって「この件は将軍家光様の時代に伊達藩の事件でこういう判断をしたことがありました」などと前例データベースみたいな人たちが、老中などに上がってくる案件に注釈をつけて処理していたようです。いわば「歴史ある役所の伝統」なわけです。

そういえばコンサル時代、企業買収を手掛けていた時によく聞いたお客さんの方針もありました。「できるだけリスクが低くてリターンの高い案件」です。まあこれもある部分では正論ですが、競馬で「絶対に1位が確実で、しかも万馬券となる馬」を求めるようなものではないでしょうか。世の中にそんな虫のいい話はあるはずもないのですが、「ハイリターンとハイリスクは同じコインの表裏」という発想が常識的に通用しない、リスク回避優先の発想でした。

また前職での本社勤務時に、日本企業としばしば国際会議をおこなったのですが、日本側主催の場合の用意の周到さにはいつも脱帽させられた反面、「この人たちは準備に一体何時間かけたのだろう?」と心配になったことも多々ありました。分刻みの進行表、用意するペンの数まで書いてある準備品リスト、前日に通しでおこなうプレゼンのリハーサルなど完璧なのですが、あまりにも完璧なので、議事の遅れや想定外の議題など、予想していなかった事態が起こった時にはパニックになってしまうケースも結構あったように思います。

この辺りは「不確実性」を軸とした感覚の差であり、それに対する許容度の違いなのですが、日本人から見れば「欧米の準備はあらくてザルのよう」となりますし、欧米から見れば「日本人の準備は偏執的に細かい」となるかと思います。

高い不確実性の回避について悪者的に説明しましたが、良い面も当然あります。た

[表4]

項目	高い不確実性の回避	低い不確実性の回避
アイデンティティー	**不確実性の回避** 不確実・不明な状況を嫌う	**不確実性の受容** 不確実・不明な状況を受け入れる
私生活	**同質性** 自民族など同質のものを好む	**異質性** 異質のものへの寛容度が高い
雇用関係	**同一性** 同質であることを社員に求める	**多様性** 社員の多様性を初めから受け入れる
組織運営	**リスク回避** リスクを避けて周到に準備・運営	**リスクへの対応** リスクはあるものとして適時対応

とえば新幹線に代表される日本の鉄道の正確さは世界でも有名ですが、これは「不確実なものを排除する努力」なしでは不可能です。ラッシュ時には数分おきに来る山手線の列車運行などは、ある種の国から見れば奇跡としか言いようがありません。私はドイツ系の企業に勤めていたので、本国のドイツで時々国営鉄道を長距離で利用していました。インターシティエクスプレスという高速鉄道ですが、5分や10分の遅れは当たり前。慣れとは恐ろしいもので、30分遅れの表示を見ても「来るだけマシ」と思えるようになりました（もう1つの理由は、車両が自社製だったという理由もありますが。笑）。

■文化的尺度の活用

ここまで文化論めいた話を書きましたが、異なる文化に接する時は「なぜ違うのか？」「何が背景にあるのか？」ということを考えてみる習慣を持つと、多様で異なる文化の外資系企業や海外での外国企業との付き合いがやりやすくなります。

文化や習慣が違うこと、それを理解しないことでの誤解や軋轢はビジネスでも常に起こります。海外経験の長いビジネスパーソンは、経験的にそれを理解し、受け入れて消化していきますが、現象は理解しても「なぜ？」までは深掘りしません。私が10年近い海外駐在から帰国した後にコンサルタントに転職した理由の1つに、この「なぜ？」を知りたかったことがあります。ですからあえて、少し古いながらも未だに最も権威のある調査データの1つを説明したわけです。

我々日本人は、他国に国境を接しているわけでもなく（間に海があり隔離されています）、ほぼ単一の民族で長年暮らしてきた結果、世界的に見ればかなり特殊な「同一文化」を持っているようです。だからこそ、「文化への感受性」を持つことはとても大切です。国だけではなく、あなたの会社の常識が他社でも同じとは限りません。そういった時も、社風や企業文化について考えてみることが大切なのではないでしょうか。

もしあなたが「文化論なんて必要ないよ」と思っているなら、質問です。「あなたは自分の妻・夫、恋人など、自分のパートナーを100％理解していますか？」。もしあなたの答えがイエスなら、あなたは異文化マネジメントの神様です。人が2人以上いるとそこには異文化が存在し、異文化マネジメントの必要性が出てきます。

くどいようですが、ご紹介したデータはあくまでも「国の平均」「米系企業の現地法人を通じて測定したもの」です。ですから、それを見て「米国人は」とか「日本人の特性は」とステレオタイプに考えることは慎むべきでしょう。民族の特徴が間違いなく出ているデータですが、前述の通り、「文化」というものは最終的には個人のレベルにまで分解できます。それらの指標をヒントとして、「自分で観察する」「自分で考えて分析してみる」ことで「人を見る目」「人と上手くやっていく能力」が身に付くのです。

［著者］
藤田研一（ふじた・けんいち）
K-BRIC & Associates代表
日系電機メーカー、金融系シンクタンクを経て、Siemens AGにて、自動車部品子会社日本法人社長、本社エナジー部門事業開発ダイレクター、日本法人代表取締役社長兼CEO、同会長を務める。2021年より現職。

http://k-bric.com/

日本人が外資系企業で働くということ

2021年11月30日　第1刷発行

著　者――藤田研一
発行所――ダイヤモンド社
〒150-8409　東京都渋谷区神宮前6-12-17
https://www.diamond.co.jp/
電話／03･5778･7233（編集）　03･5778･7240（販売）
装丁+本文デザイン―萩原弦一郎（256）
校正――――鷗来堂
本文DTP――一企画
製作進行――ダイヤモンド・グラフィック社
印刷・製本―三松堂
編集担当――横田大樹

ISBN 978-4-478-11485-8